ANTOINE-GUILLAUME DELMAS

ANTOINE-GUILLAUME DELMAS

(1792)

JOHANNÈS PLANTADIS

Antoine-Guillaume DELMAS

PREMIER GÉNÉRAL D'AVANT-GARDE DE LA RÉPUBLIQUE

(1768-1813)

OUVRAGE ORNÉ D'UN PORTRAIT

TULLE
IMPRIMERIE CRAUFFON
—
1904

AU GÉNÉRAL BRUGÈRE

Modeste et reconnaissant hommage de son très reconnaissant et dévoué compatriote.

JOHANNÈS PLANTADIS.

Antoine-Guillaume DELMAS

PREMIER GÉNÉRAL D'AVANT-GARDE DE LA RÉPUBLIQUE

(1768-1813)

CHAPITRE Ier

Naissance à Argentat. — Sa famille. — La guerre d'Amérique. — Au régiment de Touraine. — L'agitateur révolutionnaire. — Formation du premier bataillon des volontaires de la Corrèze.

En 1813, au quartier général de Lutzen, où se trouvait Napoléon, le maréchal Augereau se présentait, en compagnie d'un officier général, jeune encore, qui portait l'uniforme bleu-barbeau, sans broderies, des armées de la Révolution, la poitrine vierge de toutes décorations.

Les officiers de l'entourage de l'Empereur, sanglés dans leurs étincelants costumes, riaient à la vue de cet étrange inconnu. Napoléon parut et, présentant le nouveau venu à sa suite, s'écria : « Je vous présente, Messieurs, le général Delmas, *premier général d'avant-garde de la République.* »

Ce mot de l'Empereur qualifie fort heureusement le général Delmas. A l'avant-garde des armées qui combattaient sur le Rhin ou sur l'Adige, dans le nord comme dans le Tyrol, il fut, en effet, toujours à l'avant-garde, comme pour l'ardeur et le sincérité de ses opinions républicaines. D'autre part, si nous en croyons M. Vacher, c'est le commandement en chef de la division, qu'il exerça si brillamment, qui valut à Delmas le titre de premier général d'avant-garde de la République, et, pour le distinguer des autres généraux du même nom qui étaient, paraît-il, assez nombreux. On disait : « Delmas l'avant-garde. » Bonaparte, devenu empereur, s'en souvint à Lutzen. (1)

Jacobin fut Delmas, jacobin il resta, même lorsque la fortune ne fut plus favorable au jacobinisme et que le vent des faveurs eut tourné dans une direction différente. Soldat sans peur et sans reproche, intègre autant que fier et valeureux, il préféra briser son épée plutôt que de la mettre au service d'un maître qu'il accusait d'apostasie. Il mourut en héros, dans son uniforme des généraux de l'an II, qu'il n'avait pas quitté, et dans l'impénitence finale d'un jacobin quand même.

En essayant de raconter cette brève existence, mais brillamment remplie, du général Delmas, nous avons pensé que ce serait rendre justice à un soldat, que la disgrâce faucha dans sa fleur, et à montrer qu'un caractère mis au service d'une idée vraie ou fausse, simple et généreuse, est d'un grand et salutaire exemple.

Antoine-Guillaume Murailhac, dit Delmas de la Coste, naquit, en Bas-Limousin, à Argentat, sur les bords de la Dordogne, le 21 juin 1768. (2)

---

(1). L. Vacher, *Historique des bataillons de la Corrèze pendant la Révolution.*

(2). C'est par erreur que la date de naissance de Delmas a été placée au 3 janvier 1766 par une pièce, fausse en tous points, qui figure au dossier du général, au Ministère de la Guerre.

Voici d'ailleurs l'acte authentique de naissance : « L'an mil sept cent soixante-huit, le vingt-deux juin, a été baptisé Antoine Guillaume Delmas, fils légitime, né le 21 du même mois, de M. Pierre Delmas, chevalier de Saint-Louis, ancien capitaine au régiment de Touraine, et de Anne-Françoise Plaze, son épouse, parrain a été M. Antoine Pradel, prêtre et vicaire de Corrèze, (faisant pour M. Guillaume La Coste), marraine Mlle Marie de Lachau de Plaze, tous de la petite ville et ont signé :

Marie Lachau ; Pradel, vicaire de Corrèze, Dufaure, Véliny, Lavergne de Saint-Hilaire, Lamothe de Saint-Hilaire, Courty, curé. »

Vetiny est ici mis pour Vertiny ; le nom du curé n'est pas Courty mais bien Pourty.

Cette pièce est extraite du double, tout d'abord déposé aux archives de la Sénéchaussée de Tulle, puis aux archives départementales de la Corrèze, et, en dernier lieu remise à la mairie d'Argentat. Cet acte est le seul authentique. Sur le double, resté aux archives paroissiales d'Argentat, et déposé en 1790 à la municipalité de cette ville, la teneur de ce document est la même ; mais a subi des surcharges et des ratures qui n'ont point été approuvées.

Sur le premier acte se trouve, sur le nom de Françoise Plaze, mère du baptisé, une surcharge qu'on peut traduire par Mlle mais qui pourrait être *Anne*. (notes de M. Bombal).

La maison dans laquelle Delmas vint au monde existe encore ; elle est située sur une petite place d'Argentat qui porte aujourd'hui son nom et appartient à M. Joseph Vachal, arrière-neveu du général. C'est une maison bourgeoise du XVIIIe siècle, flanquée d'une tour, sans style bien accusé et sans apparat.

Le nom de Delmas de la Coste, ou simplement celui de Delmas, sous lequel notre personnage est connu, n'était pas son véritable nom. Sa famille, très ancienne à Argentat, portait celui de *Murulhac*, plus récemment *Muralhac*, (1) et n'était pas d'origine noble. Mais enrichie par le commerce, ou dans la ferme des droits seigneuriaux, elle était parvenue à acquérir des fiefs nobles, et à s'en titrer. Chaque membre d'une famille, — c'était d'un usage courant à Argentat, sous l'ancien régime, — prenait le nom de l'arrière fief et de la terre qui lui échéait en partage. De là, les noms de de La Coste, de de La Marque, etc, qu'on trouve dans la famille de Delmas.

Le père du général se disait seigneur du Chastenier, d'Eyssiard, et autres lieux ; il ne fut jamais anobli, pourtant. De même les Lachau, ses parents. Les noms de Delmas, et de Pradel, que portait une branche des Muralhac (2), n'étaient que des noms de terres.

Anne-Françoise Plaze, mère de Delmas, était la fille d'un notaire d'Argentat. Quoique ses parents se qualifiassent de Durieux de Plaze, ils n'avaient aucun droit, eux aussi, à la noblesse.

Mais, si les parents de Delmas ne pouvaient se réclamer d'une noblesse ancienne et authentique, ils n'étaient pas moins fiers des titres qu'ils portaient. Il est certain que l'acte erronné de baptême de Delmas, qui figure à son dossier du Ministère de la Guerre, reflète fidèlement les sentiments d'orgueil qui

(1). D'aucuns ont écrit, à tort, *Marcilhac*.

(2) Antoine, Pradel (Muralhac), parrain du général, était son oncle, le père de son père. Nommé plus tard curé de Mercœur, il prêta le serment à la constitution civile du clergé, puis le rétracta.

animaient les siens pour qu'ils l'aient forgé de toutes pièces, dans l'intérêt de leur fils, pensaient-ils, sans doute (1).

Cette supercherie faillit, plus tard, coûter cher à Delmas et compromettre sa carrière. D'ailleurs, il ne tira aucune vanité des titres aristocratiques de sa famille et affirma, à plusieurs reprises, qu'il n'était pas entaché de noblesse.

Les Muralhac appartenaient presque tous à l'armée, depuis quelques générations. Pierre Delmas, père du général, avait servi avec distinction, dans les armées du roi. Né à Argentat, le 15 juin 1723, il était entré au régiment de Touraine-Infanterie, comme lieutenant en second, en 1742 ; devenu lieutenant en 1743, capitaine en 1747, il avait été blessé d'un coup de feu au menton à la bataille de Crevelt (1758), puis à la bataille de Minden, l'année d'après, où il eut une narrine emportée d'un coup de sabre. Estropié, il dut abandonner la carrière militaire et se retirer à Argentat, en 1763, avec la croix de Saint-Louis, et une pension de 400 livres. (2).

Son frère, Guillaume de la Coste de la Marque, né à Argentat en 1733, faisait partie lui aussi, du régiment de Touraine. Il y est lieutenant en second en 1744, lieutenant deux ans après.

---

(1) Voici, à titre de curiosité, cette pièce :

« Le trois janvier l'an mil sept cent soixante-six est né et a été baptisé Antoine-Guillaume Delmas, fils légitime de messire Pierre Delmas ancien capitaine au régiment de Touraine, chevalier de l'ordre royal et militaire de Saint-Louis, seigneur du Chastanier, d'Eyssard et autres places, et de Françoise du Rieux de Plaze, habitant de la présente ville. Parein a été messire Antoine Guillaume de La Coste, capitaine du régiment de Touraine, chevalier de l'ordre royal militaire de Saint-Louis, oncle du baptisé, mareine dame Marie Lachau de Plaze, grand'mère du baptisé lesquels avec les témoins ont signé avec moy. »

Victor de Seilhac eut connaissance de cet acte du Ministère de la Corrèze lorsqu'il documentait son livre sur les *Bataillons des volontaires de la Corrèze*, et n'en rejeta que la date erronée ; Il ne retint pas non plus la prétendue noblesse du père de Delmas ; mais reconnut comme authentique, celle de sa mère. Rien de plus inexact. Les Muralhac, comme les Plaze, étaient tout simplement des bourgeois qui prenaient la liberté de se titrer, et personne ne mit obstacle à cette prétention, bien au contraire, puisque les descendants des Muralhac et les Lachau, purent servir, en qualité de gentilshommes, dans les armées royales.

(2) Archives du Ministère de la Guerre.

Réformé en 1749, il reprend du service comme enseigne en 1753 ; puis lieutenant en 1756, il devient capitaine en 1759. Réformé de nouveau à la nouvelle conposition, il remplace son frère à la tête de sa compagnie le 27 décembre 1763. Blessé, lui aussi, à Crevelt et à Minden, Guillaume de a Coste était bien noté dans son régiment. On le signale comme « un bon sujet ordinaire et bon à la guerre » ; il « promet beaucoup » et « sert équitablement ».

Les deux frères Delmas devaient certainement leur entrée au régiment de Touraine à un de leurs parents, le chevalier de Lachau qui y servait, ainsi que d'autres bourgeois titrés ou gentilshommes d'Argentat ; Antoine Dufaure Laquille de la Gardelle (né le 26 janvier 1738). Joseph La Brousse (né le 9 septembre 1736), Guillaume-Charles Selve de La Brousse, (né le 14 avril 1738).Un briviste même, François-Henry Dubois de Saint-Hilaire (né le 3 août 1743), comptait au nombre des officiers du même régiment. (1).

---

(1) Tous ces renseignements ont été puisés aux archives du ministère de la Guerre. Je les dois à l'obligeance jamais lasse de M. Georges Bertin, le sympathique et érudit secrétaire-archiviste de *La Sabretache*, à l'instigation duquel je me suis décidé à faire cette notice.

Je dois, d'ailleurs, la meilleure partie de ma documentation à M. Georges Bertin dont les sources d'informations sont aussi abondantes que sûres et précises. Je tiens à le remercier de son précieux concours et à lui exprimer ma bien sincère gratitude, non seulement pour le secours *personnel* qu'il m'apporta, mais aussi pour l'intérêt qu'il témoigne à notre petite patrie limousine dont il sait goûter tout le charme et admirer l'énergie de la race qui jaillit de son sol.

Au cours de ce travail, je citerai mes références. Mais je tiens, dès à présent, à faire connaître les ouvrages généraux que j'ai consultés et à indiquer mes principales sources :

Victor de Seilhac, les *Bataillons de Volontaires de la Corrèze* ; Léon Vacher, *Etude sur le Général Delmas*, éloge prononcé à *l'association Corrézienne de Paris*, *Historique des Bataillons de la Corrèze pendant la Révolution*, en 1884 ; Thiers, *Histoire de la Révolution* ; *Histoire du Consulat et de l'Empire* ; Arthur Chuquet : *Les Guerres de la Révolution* ; E. Guillon, les *Complots militaires sous le Consulat et l'Empire* ; Casimir Folletête : *Journal de Dom Moreau, Bernardin de Lucelle*, Fribourg, 1899 ; *Mémoires* de la duchesse d'Abrantès, du duc de Rovigo, de Gouvion St Cyr, etc ; L. Pingaud, *Bernadotte, Napoléon et les Bourbons* ; *Revue d'Histoire*, publiée par la section historique du Ministère de la Guerre, les *Campagnes de la Première République*, par Paul Gaffarel, Archives du Ministère de la Guerre. Notes et renseignements fournis par des particuliers habitant Porrentruy, etc, etc.

Comme tous ceux de sa famille, Antoine-Guillaume Delmas devait embrasser la carrière des armes et continuer les traditions de famille au régiment de Touraine. Dans une note, signée de sa main, qui est aux archives de la Guerre et que reproduit Victor de Seilhac, dans son livre sur les *Bataillons Volontaires de la Corrèze*, Delmas nous apprend qu'il « a habité les collèges de son département (de la Corrèze) jusqu'à l'époque où il a joint le régiment de Touraine dans lequel il a fait ses premières armes sans lacune. » Il ajoute encore sur cette note : « Entré au régiment de Touraine le 3 janvier 1780, comme enfant du corps, c'est-à-dire fils d'ancien militaire non noble ; a fait les campagnes d'Amérique dans ce corps où il a servi jusqu'à la Révolution. »

A son tour, M. Léon Vacher dit : « Le jeune Delmas prit part avec son régiment à la guerre de l'indépendance américaine ; cette campagne eut une grande influence sur son avenir et sur la direction de ses idées. Il y puisa les principes qui devaient diriger sa carrière et qu'il conserva intacts jusqu'à sa mort. » M. Vacher nous dit encore que c'est le 3 janvier 1779 qu'il s'embarqua à Brest, sur un navire en destination d'Amérique ; il avait alors onze ans. Mais M. Vacher ne nous dit pas où il prend ce renseignement. Le fait est d'autant plus grave que la campagne d'Amérique ne figure pas sur les états officiels de services de Delmas et que d'aucuns en prennent prétexte pour douter de sa présence dans l'Armée de Rochambeau (1).

Nous pensons toutefois que Delmas prit part à cette guerre, d'abord, parce qu'il l'affirme et qu'il n'était pas dans son caractère de se parer de titres qui ne lui appartenaient pas ; ensuite, parce que M. Joseph Vachal, maire et conseiller général d'Argentat, qui est de la famille de Delmas, nous assure avoir vu une lettre, aujourd'hui perdue, où le capitaine Guillaume

---

(1). Un certain nombre de Limousins prirent part, soit à la suite de La Fayette, soit dans les corps de troupes que commandaient d'Estaing et Rochambeau, à la guerre de l'indépendance des colonies anglo-américaines. De ce nombre sont : Louis-Marie de Noailles, l'ami de La Fayette, Jean de Durat, major-général des troupes de d'Estaing, Guillaume de Corn, de Gimel, Bord, etc.

de La Coste écrivait à son frère qu'il venait d'embarquer son neveu à Brest, en lui donnant, en même temps, la note des frais de trousseau et autres.

Quoi qu'il en soit, de retour en France en 1781, Delmas entre comme cadet-gentilhomme à l'Ecole militaire-royale de Paris. Il en sort, en 1784, avec le brevet de sous-lieutenant, juste au moment où Bonaparte y entre. (1)

Incorporé comme sous-lieutenant au régiment de Touraine-Infanterie, le 18 avril 1784, il est promu lieutenant en second le 30 mai 1787. Cette année même, son régiment, qui avait pour colonel le vicomte André-Boniface Riquetti de Mirabeau, autrement dit *Mirabeau-Tonneau*, était en garnison à Perpignan. Les opinions par trop... *américaines*, pour l'époque, de Delmas, l'ardeur de son tempérament, le firent destituer « pour mauvaise conduite d'insubordination et de mauvais exemple » motivent ses chefs.

Aussitôt après avoir quitté le Roussillon, Delmas accourt en Limousin. Les évènements ne vont pas tarder à le remettre en mouvement. Quatre-Vingt-Neuf arrive, en effet, et l'ex-officier de Touraine-Infanterie d'embrasser alors, avec ferveur, les idées nouvelles et de s'en faire le propagandiste ardent. Il établit des sociétés populaires à Argentat et dans la contrée, plus de trente affirme-t-il ; et forme les gardes nationales de son canton; puis se fait nommer lieutenant de gendarmerie du département de la Corrèze (qu'on venait de créer), le 19 juin 1791.

Dans une note qui figure aux archives de la Guerre, Delmas se rend à lui-même justice (la pièce est signée de lui) ;

« ... a constamment commandé les gardes nationales de son département jusqu'à ce qu'il a été nommé lieutenant de gendarmerie, ensuite chef du premier bataillon de la Corrèze qu'il a dressé, avec lequel il a fait la guerre d'une manière remarquable.

(1). Cette coïncidence, et la présence à l'Ecole Militaire royale, en 1784, d'un nommé Raymond-Auguste de Dalmas, ont pu faire supposer à certaines personnes que Delmas avait été le camarade de Bonaparte. Il n'en est rien, (Cf. H. Chuquet, la *Jeunesse de Napoléon*).

« Il n'est pas entaché de noblesse.

« Profession d'écolier.

« Son père a été maire, ensuite officier municipal notable et l'est encore.

« Son père a constamment resté dans sa municipalité.

« A établi plusieurs sociétés populaires du département de la Corrèze qui, il ose le dire, ont mérité l'estime de tous les sans-culottes et qui ont même souvent obtenu des montagnards le tribut d'une reconnaissance flatteuse.

« A passé les premiers temps de la Révolution à former aux évolutions militaires toutes les communes du canton d'Argentat. Leur zèle à en profiter, pour bien défendre leur pays, a prouvé constamment que ses soins n'étaient pas devenus infructueux. »

Après la fuite de Louis XVI et son arrestation à Varennes, le 21 juin 1791, l'Assemblée Constituante décréta la formation de bataillons de volontaires nationaux. Ce fut au milieu du plus patriotique enthousiasme que les engagements se produisirent sur toute l'étendue du territoire français.

Dans le département de la Corrèze, un bataillon fut organisé, le 10 octobre 1791 ; ceux qui le composaient nommèrent leurs chefs à l'élection. Antoine-Guillaume Delmas fut appelé au commandement en chef de ce bataillon, et Martin, né à Brive, au commandement en second.

A la suite des nominations d'officiers, le directoire départemental demanda que Delmas fut réintégré dans ses fonctions de lieutenant de gendarmerie, une fois son temps de service accompli, car les volontaires n'étaient appelés que pour un temps limité et court.

Les évènements devaient en décider autrement.

CHAPITRE II

Delmas et ses volontaires dans l'Oise. — A la frontière. — Occupation de Porrentruy. — Delmas en Rauracie.

Le 13 octobre 1791, Delmas et le bataillon des volontaires corréziens, qu'il commandait, quitta Tulle, où avait lieu la concentration, et se mit en marche, pour le département de l'Oise, où des troubles avaient éclaté, à l'occasion de la circulation des grains. Le 22 décembre, ils arrivaient à destination et Delmas écrivait aux autorités départementales de la Corrèze la lettre suivante :

« Messieurs,

« Vous apprendrez sans doute avec plaisir que le bataillon de la Corrèze a fait la route gayment malgré la pluye, la neige et le froid et qu'il est arrivé sans laisser derrière aucun malade. La disposition de notre contonnement a été changée, nous avons laissé à Senlis les compagnies 4, 5 et 6e, avec le 2e lieutenant-colonel, les nos 7 et 8 sont à Verberie, et les autres compagnies avec l'état-major sont à Pont-Saint-Maxence. Nous sommes assez raprochés pour nous visiter dans le jour sans découcher.

« Nous avons été précédés dans la route par d'autres bataillons où l'ordre n'était pas sans doute aussi bien observé que dans le nôtre, car nous avons eu partout la satisfaction de recevoir des compliments et d'entendre dire que nous pouvions aller de pair avec la troupe de ligne, pour la marche, l'ordre et la discipline.

« Dans plusieurs haltes, j'avais reçu des plaintes de la part des aubergistes qui n'avaient pas été payés par les volontaires ; cela avait excité ma surveillance à cet égard et on découvrit à Angeville trois volontaires qui avaient volé chacun une carpe. Le conseil de discipline fut aussitôt convoqué et les trois hommes furent condamnés à être dégradés et renvoyés, ce qui a été exécuté. L'un de ces hommes a été remplacé à Orléans par un jeune citoyen du département de la Corrèze qui était employé dans une raffinerie, et qui était connu par nombre de volontaires pour un honnête homme.

« Vous pourriés, Messieurs, nous envoyer les deux hommes qui nous manquent encore. Ne vous paraîtra-t-il pas juste d'employer de préférence ceux que nous avons laissé à l'hôpital, si toutefois ils sont guéris.

« Nous venons de faire une pétition au ministère de la guerre et à l'Assemblée nationale pour être envoyés sur les frontières et au premier feu.

« Toutes les fois qu'il nous sera arrivé quelque chose qui puisse vous intéresser, je m'empresserai de vous en faire part, et je vous prie également d'avoir le bonté de m'informer de ce qui peut intéresser le département ; si vous avés la bonté de me donner en même temps des nouvelles de votre santé vous ajouterés à ma reconnaissance.

« J'ai l'honneur d'être votre très humble et très obéissant serviteur.

» Signé : DELMAS »

» P. S. — Berthelmy (1) et mes camarades m'ont chargé de les rappeler à votre souvenir.

« A Pont le 22 décembre 1791 (2).

Dans l'Oise, quelques désordres éclatèrent dans les rangs corréziens. Des actes d'indiscipline et de désobéissance se manifestèrent. Les populations et les autorités locales élevèrent des plaintes et des protestations. Il fallut toute l'énergie et toute l'autorité de Delmas pour ramener ses hommes à la raison.

---

(1). Ingénieur à Tulle et président de la société populaire. Faisait partie du premier bataillon des volontaires de la Corrèze en qualité de capitaine. Devint général et député au Conseil des Cinq-Cents.

(2). Archives départementales de la Corrèze. V. de Seilhac, *op. cit.*

Le 19 février 1792, le ministre de la guerre, enjoignait à Delmas et à son bataillon d'aller se mettre à la disposition de M. de Victinghotz, afin de dissiper les attroupements qui mettaient obstacle au passage des grains sur la rivière d'Oise. Les Volontaires, sous la conduite de Delmas, attaquèrent les révoltés, qui s'étaient réfugiés dans l'abbaye d'Ourchamp, et les en chassèrent. (1)

Cependant la situation en Europe était des plus inquiétantes. La Prusse et l'Autriche s'agitaient et menaçaient la France d'une déclaration de guerre, si elle ne rétablissait pas l'ancien régime. Le gouvernement prit des mesures pour parer à toute éventualité et, le 18 avril, il fit droit à la demande de Delmas et de ses volontaires d'être envoyés à la frontière. L'arrogance de l'étranger ne faisait que s'accentuer, le roi et l'assemblée nationale déclarèrent la guerre à l'Autriche (26 avril 1792).

Le bataillon de Delmas s'était rendu à Belfort, aux ordres du maréchal Luckner. L'ennemi ayant fait évacuer Porrentruy, sur le territoire de l'Evêché de Bâle, Luckner envoya Custine occuper le pays à la tête de 2,000 hommes.

« En faisant entrer en ligne le 1er de la Corrèze (mai), Custine avait écrit à Luckner : « Ce bataillon a un excellent esprit ; il est bien commandé et bien composé. » Luckner, dans sa réponse, exprime son sentiment en peu de mots : « Il est bon de distinguer ceux qui méritent. » (2).

Au moment où Delmas et son bataillon se rendaient à Porrentruy, la situation était des plus tendues, en Rauracie, entre l'esprit ancien, représenté par le prince-évêque de Bâle, et l'agitateur Rengguer de la Lime.

Rappelons brièvements les faits :

Antoine Rengguer de la Lime, neveu de l'évêque Gobel, s'était érigé en chef du mouvement révolutionnaire dans l'ancienne principauté épiscopale de Bâle, et, à cet effet, menait une campagne très active pour faire proclamer, dans cette partie de la Suisse, les Droits de l'Homme.

---

(1). Archives du Ministère de la Guerre. V. de Seilhac, *op. cit.*
(2). V. de Seilhac, *op. cit.*

Le prince-évêque pour se défendre, et pour défendre ses prérogatives, contre les agitateurs, demanda à l'empereur d'Autriche des troupes pour le protéger. Un bataillon d'Impériaux vint alors occuper Porrentruy (19 mars 1791). Rengguer quitta alors la principauté. Les patriotes du Haut-Rhin et du Doubs s'émurent de l'occupation de Porrentruy par un détachement autrichien ; il réclamèrent l'exécution d'un traité signé en 1780 et aux termes duquel le prince-évêque s'était engagé solennellement à ne jamais permettre l'entrée de son territoire aux ennemis de la France. Rengguer, se disant syndic des Etats de Porrentruy, vint alors à la barre de l'assemblée législative et y dénonça à la fois la tyrannie du prince-évêque et la présence des impériaux. Ordre fut alors donné à Custine d'occuper les gorges de Porrentruy. Ce qui s'accomplit sans coup férir. (30 avril 1792) (1)

La division d'occupation se composait de deux régiments de l'armée royale, des dragons d'Angoulême, de quelque artillerie et de Bataillons de Volontaires nationaux, souvent renouvelés (2). Parmi ces derniers, se trouvait le premier de la Corrèze que commandait Delmas. Là, notre compatriote rencontra son ancien régiment de Touraine.

Après l'arrivée des troupes françaises à Porrentruy, Rengguer revint dans le pays et se mit à agiter de nouveau l'opinion. Ayant obtenu d'un certain nombre de ses compatriotes, la déchéance du prince-évêque et la formation d'une « assemblée populaire de la Franche-Montagne », il porta l'expression de ses vœux à Paris et obtint, par son oncle Gobel, que le général de Biron déclarerait déchu le Prince-Evêque.

Tout d'abord, Rengguer ne trouva pas d'appui auprès des troupes françaises pour le seconder dans ses desseins de déchéance du souverain épiscopal. Mais après le 10 août et la proclamation de la République, « sous des chefs comme Delmas et Demars, quel que soit le contraste entre ces deux hommes — celui là (Delmas) d'une bravoure téméraire avec ses grands

---

(1). Arthur Chuquet, *l'Expédition de Custine.*
(2) *Journal de Dom Moreau, Bernardin de Lucelle,* publié et annoté par M. Casimir Folletête, Fribourg 1899.

airs de gentilhomme : celui-ci (Demars) soudard inculte, que ses propres soldats accusent de lâcheté et que l'armée méprise — les Volontaires nationaux se considérèrent comme investis d'une sorte de mission quasi divine pour révolutionner le pays, et procurer de force aux populations de l'Évêché, le bienfait inappréciable, selon eux, de la liberté française. » (1)

On proclama donc la République Rauracienne et, en mémoire de cet évènement, les Volontaires plantèrent des arbres de la liberté et firent arborer les couleurs tricolores aux habitants. Tout cela n'alla pas sans quelques contestations, voire même sans quelques conflits, car la grande majeure partie des sujets du Prince-Évêque semblait rester fidèle à l'ancien état des choses. Delmas se fit remarquer par le zèle qu'il mettait à faire dresser les arbres de la liberté et à répandre dans ce pays les idées nouvelles, ainsi que nous l'allons voir.

Sur des rapports faits à M. de Luckner que les Suisses méditaient une descente dans la Rauracie contre les Français, 550 Volontaires du Bataillon de la Corrèze, à la tête desquels se trouvait Delmas, furent envoyés pour occuper les défilés de Saint-Ursanne. (10 mai 1792). « Pour prouver la fausseté de ce bruit, M. le lieutenant Moreau partit pour Pierre-Pertuis, avec Delmas, afin de le convaincre qu'il n'y avait à ce poste que 18 soldats suisses avec deux pièces de canon dans une grange de Sonceboz, ce qui constituait plutôt une précaution contre les brigands, qu'une intention malveillante à l'égard des français. (2).

Mais les craintes de Delmas se renouvelèrent. A la date du 26 mai, Dom Moreau nous apprend dans son journal que « le Capitaine (pour commandant) des nationaux, M. Delmas en garnison à Saint-Ursanne est encore venu de grand matin avec M. de Ferrière (3), se plaindre des attroupements, une

---

(1). *Journal de Dom Moreau,* introduction.
(2) *Journal de Dom Moreau.*
(3). Commandant du corps d'occupation de la principauté de Bâle, à Parrentruy.

redoute ; qu'il y avait des canons ; que successivement passaient des hommes par pelotons, qui pourraient menacer une descente sur Saint-Ursanne (1) ; que M. le grand chanoine Conrad de Rinck, en habit gris et avec un fusil à double canon, avait passé vers Porrentruy à la tête de plusieurs paysans armés ; qu'il avait fait l'espion à Saint-Ursanne en demandant aux Volontaires nationaux combien ils étaient ? combien d'officiers ? combien de canons ? que leur poste était imprenable, etc.

« Mon frère (le lieutenant Moreau) a envoyé le gros Voèble pour accompagner les quatre dragons que M. de Ferrières avait envoyés à Bellelay pour reconnaître les faits et lui en faire un rapport. »

Les quatre dragons et le gros Voèble revinrent à Bellelay en rapportant que tous ces bruits étaient faux.

Le 29 mai, Delmas se plaignit de nouveau. Il assurait que 50 paysans armés avaient passé par des chemins détournés pour Porrentruy où se trouvaient, croyait-il, 2,000 contre-révolutionnaires, parmi lesquels des émigrés français. Il partit avec M. Brodhac pour reconnaître la véracité ou la fausseté de ces faits. A son retour, il reconnut qu'il avait été mal informé, fut charmé de la réception qu'il reçut à Porrentruy, sauf de celle de M. le capitaine de Rinck, commandant du château. (1)

Mais les alarmes de Delmas étaient loin d'être calmées, le 10 juin, un capitaine français de Sainte-Ursane avait, assurait-on, essuyé le feu de trois chasseurs du prince qui voulaient se venger sur lui de l'occupation française. Plainte fut portée contre les agresseurs et la vengeance de la tentative de meurtre exigée. On ouvrit une enquête. Elle ne confirma pas l'accusation. Mais Dom Moreau rapporte qu'au moment même où on venait annoncer la tentative de meurtre à Delmas, celui-ci dansait au *Soleil* avec les 15 volontaires auxquels ce jour-là, M. de Rinck, commandant du Château, avait donné à boire, quand on vint lui annoncer ce fait. Il n'en fut pas ému autrement et continua la danse. (2)

---

(1). *Journal de Dom Moreau.*
(2). *Journal de Dom Moreau.*

Le 19 juin, Delmas envoya à M. de Ferrière une dénonciation signée par les volontaires contre l'abbé Burkardt, chapelain, pour des propos indiscrets, et le 23 suivant vint à Porrentruy, avec un fusil à la main, se plaindre que les paysans de Fortenas et de Villars ayant planté un arbre sur lequel ils avaient arboré le bonnet de la liberté, le gouverneur du château, M. Pommier, avait envoyé les Volontaires de Porrentruy, qui ont tiré contre le bonnet, et ont conduit dans les prisons les deux paysans qui avaient planté le dit arbre. Le fusil qu'il apportait était celui qu'il avait arraché des mains des paysans cachés derrière des buissons, près de Montavon (1).

Tous les jours, à Saint-Ursanne, où étaient les Volontaires de la Corrèze, c'étaient des propos violents et des scènes de désordre. Alors que les soldats criaient : « Les aristocrates à la lanterne », les Volontaires de Porrentruy, aux gages du Prince-Evêque, répondaient par « Les démocrates au Creugenat. » Delmas faisait du tapage à raison de ces derniers propos, et réussissait à ramener le calme. Mais les volontaires, qui se répandaient dans les auberges de Saint-Ursanne, recommençaient leurs attaques. A plusieurs reprises, M. de Ferrière vint passer en revue les Volontaires Nationaux ; il leur interdit la fréquentation des cabarets après la retraite et menaça de sévir sévèrement contre tous ceux qui troubleraient la paix publique.

Le 11 juillet, Delmas sollicita du général de Ferrière l'autorisation de planter un arbre de la liberté à l'occasion de la fête anniversaire de la Fédération. Il refusa en alléguant qu'ils étaient en pays étranger et qu'ils ne devaient pas troubler l'ordre. Delmas ne tint aucun compte de ce refus. Le 14 juillet, au camp des Rangiers, qu'il commandait, et où par mesure de prudence et d'ordre, les Volontaires de Saint-Ursanne, avaient été envoyés, un arbre de la liberté fut planté. Le général de Ferrière fit appeler Delmas et le réprimanda sévèrement. Il prescrivit ensuite l'abattage de tous les arbres élevés en l'honneur de la Fédération. Ce que firent les volontaires « avec regret et les larmes aux yeux », nous dit Dom Moreau qui

(2). *Journal de Dom Moreau.*

ajoute que les arbres furent brûlés et leurs cendres recueillies précieusement.

Après le dix août, le général de Ferrières fut remplacé dans la principauté par le général de Falck qui continua la politique de son prédécesseur. Le 21 septembre, un officier du Bataillon des Volontaires du Haut-Rhin, tua le curé de Farincourt. Son bataillon refusa de se solidariser avec le meurtrier et demanda vengeance. Le Bataillon de la Corrèze s'associa à ses camarades du Haut-Rhin. Le capitaine fut arrêté et détenu à Saint-Ursanne.

A l'arrivée des commissaires de la Convention à Porrentruy, le commandant de Farimont, taxé d'incivisme, fut suspendu ; ils assurèrent que le pays ne serait annexé à la France que si les habitants l'exigeaient. Les commissaires, en traversant la Raraucie, n'avaient pas l'intention de passer par Porrentruy, si nous en croyons Dom Moreau. S'ils y vinrent, c'est à l'instigation du « Commandant Delmas, patriote enragé », qui en voulait à M. de Farimont de son incivisme et qu'il menaçait depuis longtemps de faire sauter.

Le 27 octobre, Porrentruy fut désignée pour recevoir, en garnison, le bataillon de la Corrèze. « Triste présage pour cette ville et pour tout le pays », dit Dom Moreau, d'après le journal du P. Vaisard, Delmas remplaça M. de Farincourt comme commandant de la ville de Porrentruy. « Le bon Dieu nous aide », ajoute ce religieux.

De ce fait, la propagande révolutionnaire eut une impulsion plus active et reçut l'appui et de Delmas et du bataillon de la Corrèze. (1).

Le 9 novembre, le Bataillon de la Corrèze, partit pour le camp d'Hesingen.

Le général Demars, commandant les troupes de la principauté, s'assura du civisme de toutes les autorités. Ayant douté de celui du lieutenant Moreau, les bourgeois de Porrentruy répondirent, au contraire, de son patriotisme. Martin,

---

(1). De ce temps, un capitaine du Bataillon de la Corrèze, Berthelmy, exerçait les fonctions de ministre plénipotentiaire en Rauracie, pour le compte de la France.

lieutenant-colonel en second, du Bataillon de la Corrèze, mit tout le monde d'accord, en adjurant le général de reconnaître le civisme du citoyen Moreau et que celui-ci oublierait le passé et lui donnerait le baiser de paix. « En qualité de Jacobin, dit Martin, je jure qu'à mon arrivée dans ce pays, je doutais du civisme du citoyen Moreau ; mais depuis 15 jours, je suis persuadé qu'il est pour la révolution. » et Dom Moreau qui, dans son journal, rapporte le propos, ajoute : oui, par force ! »

Martin, adjudant général de Demars, annonça le 7 novembre la déchéance du prince (proclamation de Biron).

Le 19 décembre la République Rauracienne fut proclamée.

Le séjour de Delmas à Porrentruy eut, sur son avenir, l'influence la plus grande. Il devait y revenir à plusieurs reprises, y fonder une famille et y subir l'exil et la disgrâce, ainsi que nous le verrons plus loin.

CHAPITRE III

L'expédition de Custine sur le Rhin. — Delmas aux combats de Stromberg et de Bingen. — Sa bravoure. — Actions de Hersheim et de La Chapelle-Sainte-Anne. — Delmas est promu général.

Le 19 janvier 1793, le 1er bataillon de la Corrèze, ayant à sa tête Delmas, se rendit à Mayence en passant par Strasbourg. L'ennemi ayant franchi le Rhin, avait repoussé une partie de nos postes et s'était porté sur les montagnes de Stromberg, Simmern et Kirn, où il s'était fortement retranché.

Custine, informé de tous ces mouvements, sortit de Mayence à la tête de ses troupes, et prit contact avec les Prussiens. Son armée s'élevait à 45.000 hommes, dont 22.000 occupaient Mayence. Le bataillon de la Corrèze était cantonné à Guntersblum et relevait du général Gilot, commandant la 2e brigade de la division de gauche (Neuvinger). Le 17 mars, nos volontaires reçurent le baptême du feu. Conduits par Delmas, ils attaquèrent le colonel hongrois Szekuly, qui s'était établi au vieux château de Stromberg, et emportèrent la position. « Dans cette rencontre, écrit le baron Gay de Vernon, dans ses *Mémoires sur les opérations militaires de Custine et de Houchard*, le 1er bataillon de la Corrèze commença la belle réputation que, dans le reste de la campagne, son chef (Delmas) et ses soldats ont si glorieusement étendue. »

« C'était dans des affaires de ce genre, dit encore Gouvion

Saint-Cyr, que l'on pouvait instruire et aguerrir les nouvelles troupes dont se composaient nos armées : celle-ci fournit au 1er Bataillon de la Corrèze et à son chef, le citoyen Delmas, depuis général de division distingué, l'occasion de s'essayer et de déployer de la vigueur et de l'intelligence dans l'attaque d'un vieux château qui couronnait une hauteur escarpée. »

Custine ne resta pas en arrière pour rendre à Delmas et à ses soldats l'hommage qui leur était dû. Dans le rapport qu'il adressa au Ministre de la guerre sur l'affaire de Stromberg, il écrit :

« Le Bataillon de la Corrèze a montré une grande valeur en attaquant l'infanterie prussienne qui, de la crête d'une montagne inquiétant notre cavalerie, se portait sur un bois qu'elle voulait occuper ; elle en a été repoussé par ce bataillon, gravissant la montagne avec cette intrépidité qui n'appartient qu'à l'homme libre.

« L'infanterie prussienne, prise en flanc par ces braves citoyens, a tout abandonné, malgré la supériorité de son nombre, et cependant je dois rendre cette justice qu'elle a combattu avec une grande valeur, et si je n'avais compté autant sur la décision des troupes que je conduisais, j'aurais pu éprouver quelque incertitude sur le succès ; car l'on ne pouvait arriver aux ennemis que par des défilés presque inaccessibles et en franchissant des escarpements que l'on ne conçoit pas que l'on ait pu gravir. Ce n'est qu'avec grand peine et très tard que l'on a pu y faire arriver quelques pièces de petit calibre. » (1).

Custine ne poursuivit malheureusement pas les troupes de Szekuly, à cause des accidents de terrain. Il établit son armée sur les plateaux qui bordent la rive gauche de la Nahe, de Sobernheim à la gorge étroite et pittoresque de Rheingrafenstein. Au centre, la division de Neuvinger tenait les hauteurs de Weiler et Waldagesheim ; c'est sur cette dernière position qu'étaient placés Delmas et ses volontaires.

(1) Documents du Ministère de la guerre.

Le 17 mars, Hohenlohe-Ingelfingen fit attaquer Neuvinger et ses cinq bataillons, dont celui de la Corrèze. Vers 8 heures du matin, l'ennemi ouvrit le feu en avant de Waldagesheim. Delmas et ses hommes tiraillèrent à qui mieux mieux dans les bouquets de bois qui s'étendent entre Stromberg et la Nahe. Cette résistance obligea les prussiens à reculer ; mais Neuvinger, au lieu de se replier, se maintint sur la position et refusa même les renforts que Custine lui offrait. A 4 heures du soir, il fut de nouveau assailli par une violente canonnade et un feu roulant de mousqueterie. La cavalerie ennemie se répandit dans la plaine, en surmontant très habilement les obstacles naturels qu'elle rencontrait. Aux premiers obus qu'ils reçurent, les grenadiers du 2e régiment lachèrent pied, sans résister, et abandonnèrent leurs pièces. Delmas, au contraire, se maintint ferme, mais débordé et décimé par le feu de l'ennemi, il gagna Bingen sous une grêle de balles (1).

« Delmas le brave et intelligent commandant (du Bataillon de la Corrèze) dit Custine — dans le rapport qu'il adressa au Ministre de la guerre, le 30 mars 1793, sur le combat de Bingen — avait tué 400 hommes, donné le temps à Neuvinger d'envoyer quatre compagnies de grenadiers qui, à leur apparition, déterminèrent les Prussiens à la retraite. » Mais les fautes, commises par le général Neuvinger, aboutirent à la défaite.

En vain, Custine avait insisté auprès de son lieutenant pour le faire changer de position. « Apprenant, dit Custine, qu'il paraissait des troupes vis-à-vis de ma gauche, je m'y transporte pour les voir de moi-même. On avait tiré depuis quelques moments le canon sur des troupes ennemies qui paraissaient. Une demi-heure ne s'écoula pas qu'une canonnade très vive recommença du côté de Bingen et bientôt après j'entendis une forte mousqueterie qui dura près d'une heure ; je rassurai les troupes de ma gauche qui paraissaient ébranlées. Cette mousqueterie et cette canonnade ayant cessé tout d'un coup du côté de Bingen, je continuais à m'occuper à observer

---

(1) A. Chuquet : l'*Expédition de Custine*.

ma gauche où j'avais des sujets de crainte ; mais quel fut mon étonnement d'apprendre, par une ordonnance qui me fut envoyée que la hauteur sur laquelle on m'avait assuré que je pouvais compter venait d'être emportée ; que, vainement, les cinq compagnies du Bataillon de la Corrèze s'étaient battues jusqu'à l'extrémité ; que leur artillerie avait aussi fait vainement un effet terrible sur la colonne prussienne ; que, n'ayant point été secondées par les bataillons de grenadiers qui avaient abandonné leur canon pour se retirer avec une précipitation inouïe, ce qui avait rendu les ennemis maîtres de la hauteur » (1).

De son côté, Gay de Vernon nous apprend dans ses *Mémoires* qu'au « moment d'être abordé par les Prussiens, le 2ᵉ grenadier s'enfuit, abandonnant ses canons. Le commandant Delmas et le Bataillon de la Corrèze ne se laissèrent pas décourager et tinrent bon sur les hauteurs. La résolution de cette vaillante troupe pouvait ramener les fuyards ; et il faut admirer la constance de ces 700 jeunes soldats, résistant à la contagion d'une panique éprouvée par un régiment qui devait être l'élite de l'armée. Le courage que déploya ce bataillon ne lui fut pas inutile ; il put se retirer en bon ordre sur Bingen, en faisant face partout et toujours. »

La défection des grenadiers eut de graves conséquences pour les Coréziens. Ils supportèrent tout l'effort de l'ennemi et firent des pertes sensibles. Près de cinquante prisonniers furent faits parmi eux ; le nombre des morts et des blessés fut aussi très élevé. Mais ils se surpassèrent en bravoure.

En résistant à une des charges furieuses des cavaliers de Hohenlohe, Delmas eut l'occasion de se signaler par un trait d'héroïsme qu'on lui contestera plus tard, ainsi qu'on le verra, mais qui n'en est pas moins à son actif.

« Dans une de ces charges, le porte-drapeau du bataillon, Diousidon, d'Ussel, est renversé et le drapeau enlevé par deux hussards rouges. Prompt comme la foudre, Delmas s'élance

---

(1) Archives du Ministère de la guerre. — V. de Seilhac, *op. cit.*

sur les deux cavaliers, abat le premier d'un coup de feu, renverse le second d'un coup de pointe et lui arrache le drapeau, qu'il rapporte au milieu des applaudissements des soldats. » (1).

Au même moment, le jeune frère du commandant Delmas, caporal au bataillon des Volontaires Corréziens, se signalait à Waldalghesheim en couvrant la retraite. Avec 53 hommes, il résistait pendant une partie du jour et se retirait après en avoir perdu 49 (2).

Le 1er avril Custine rentrait à Landau, vaincu, humilié, suspecté par les représentants en mission.

En mai 1793, l'avant-garde de l'Armée du Rhin était commandée par le général Landremont. Delmas et le Bataillon de la Corrèze y avaient été incorporés. Landremont avait fait le projet d'enlever les cantonnements de l'ennemi fixés à Hersheim, afin de permettre l'introduction dans Landau, le boulevard de l'Alsace, de nouvelles recrues. Une fausse manœuvre du général de Cerisiat faillit compromettre la réussite de l'attaque. Ce furent les Volontaires Corréziens, sous les ordres de Delmas, et les Chasseurs du Rhin, que conduisait Ferino, qui réparèrent tout le mal (6 mai 1793).

L'attaque fut menée avec une grande vigueur. « Le village fut forcé, malgré le feu terrible des ennemis qui s'étaient retranchés dans les maisons. On ne peut donner trop d'éloges à la bravoure du Bataillon de la Corrèze et des Chasseurs du Rhin, ils délogèrent entièrement les ennemis et leur eussent tué bien plus de monde si le général Cérisiat se fut porté à la droite, comme il en avait reçu l'ordre, et eut coupé la retraite aux ennemis ; ceux-ci abandonnèrent le village, laissant deux cent cinquante morts sur la place ; l'on ignore le nombre des blessés ; nous leur avons fait une trentaine de prisonniers ; ils n'en ont aucun des nôtres ; nous avons eu une vingtaine

(1) Léon Vacher : *Etude sur le général Delmas.*

(2) V. de Seilhac, *op. cit.* C'est à tort que cet auteur attribue cet acte à un Delmas, d'Argentat, comme le commandant, mais qui ne serait pas son parent. — L. Vacher, *op. cit.*

d'hommes tués et quelques blessés. Nous ne pouvons terminer cette affaire sans vous rappeler que ce Bataillon de la Corrèze est le même qui, près de Bingen, se conduisit avec un courage qui lui a mérité l'admiration de l'armée. Ce fut là que le citoyen Delmas, aussi intrépide qu'intelligent, digne, en un mot, de commander ce brave corps, tua de sa propre main un cavalier qui emportait le drapeau et le reporta à son bataillon. » (1).

Ce fut donc grâce à la promptitude et à la hardiesse des mouvements de Delmas, aidé de Ferino, que le coup de main d'Hersheim réussit. Comme d'habitude, notre compatriote fit preuve d'un courage tout personnel : dans la mêlée, il tua d'un coup de pointe un officier prussien, le colonel qui commandait le poste, et mena ses troupes au feu, à la baïonnette, avec un entrain endiablé.

Dans son ouvrages sur *Les Bataillons de Volontaires de la Corrèze,* Victor de Seilhac place à Hersheim l'acte de bravoure par lequel Delmas enleva à un hussard prussien, qui l'avait pris des mains défaillantes du porte-drapeau, blessé à mort, le drapeau du Bataillon de la Corrèze. C'est une erreur. Cette action d'éclat fut accomplie, quelques jours auparavant, au combat de Bingen, ainsi que nous l'avons vu.

Le 17 mai, Custine voulut tenter contre l'ennemi un nouvel effort, à Rülzheim. Aux abords d'Hersheim, Delmas mit en fuite un détachement de Pandours qui tentait de résister, et le 10e régiment de chasseurs à cheval entra dans le village où les dragons de l'Empereur et la Légion de Mirabeau lui tinrent tête. Une débandade s'ensuivit que put arrêter Custine ; mais la panique ne tarda pas à gagner les autres corps de troupes et la bataille fut perdue (2).

Custine fut remplacé à la tête de l'Armée du Rhin par Diettman, puis par Beauharnais. D'accord avec les représentants du Peuple envoyés en mission, le nouveau commandant

---

(1) Rapport des représentants du peuple en mission (Archives nationales).
(2) A. Chuquet, *Wissembourg.*

en chef résolut de tenter la délivrance de Mayence assiégée, de concert avec le général Houchard. Il prit donc ses dispositions en conséquence. Le 19 juillet 1793, une attaque générale se produisit. Landremont, Loubat et Delmas, à la tête de l'avant-garde, chassèrent de Franckveiller, après une fusillade assez vive, les émigrés et le corps-franc de Wurmser (1).

Le 22 juillet, la brigade Meynier et les bataillons d'infanterie légère, que commandait Delmas, tournèrent les hauteurs de la Chapelle-Sainte-Anne, où s'élevaient plusieurs redoutes L'ennemi battit en retraite le long des Vosges (2).

En rendant compte de ce fait d'armes aux députés de la Convention en mission, le général de Beauharnais dit qu'il fit marcher une partie de l'armée sur trois colonnes et qu'il fit attaquer les Prussiens, « retranchés sur les hauteurs de la Chapelle-Sainte-Anne, où ils étaient dans une espèce de fort et d'un accès difficile par les ouvrages que l'art avait ajoutés à une fortification naturelle. Ces montagnes ont été escaladées et tournées par les hauteurs de la manière la plus étonnante et la plus courageuse, ajoute Beauharnais. La brigade du 67e régiment, dirigée par le général Meynier, défenseur de Kœnigstein, de concert avec des bataillons d'infanterie légère conduits par le jeune Delmas, d'une valeur distinguée, ont emporté, la baïonnette au bout du fusil, ce poste important, malgré le feu des redoutes. »

Ruamps exalta le courage des volontaires nationaux, dont ceux de la Corrèze, qui avaient pris part à l'action, et « qui gravissaient les pentes escarpées sous une pluie de projectiles, et, parvenus au sommet des hauteurs, mettaient leurs chapeaux au bout de leurs baïonnettes pour acclamer la République victorieuse. Toute l'armée, fière de son triomphe, criait : *Mayence, Mayence !* » (3).

Ce brillant fait d'armes pouvait avoir d'heureuses conséquences ; malheureusement, Mayence capitulait le 23 juillet ; son héroïque garnison obtenait les honneurs de la guerre.

---

(1) A. Chuquet, *Wissembourg*.
(2) Idem.
(3) Idem.

Au milieu de tous ces engagements, heureux ou malheureux pour nos armes, Delmas se faisait remarquer par son impétueuse bravoure, la sûreté de son coup d'œil, sa valeur stratégique. Tant de dons et de services rendus exigeaient une récompense. D'accord avec les généraux, les conventionnels en mission élevèrent Delmas au grade de général de brigade, dès le 19 mai. « Quelle belle promotion que celle du 19 mai, s'écrie M. Arthur Chuquet, faite au lendemain de Rülzheim, par les représentants Ruamps, du Roy, Ritter, Laurent, Hausmann et Ferry ! Landremont, général de division ; Colle, Méquillet, Meynier, Michaud, Loubat, Delmas, d'Arlandes, Clarke, généraux de brigade ; Miribel, Desaix, Tholmé, Malet, Demont, adjudants généraux, avec grade de lieutenant-colonel ! N'étaient-ce pas les plus dignes et les plus méritants de l'armée du Rhin ? »

CHAPITRE IV

Blocus de Landau. — Le conventionnel Dentzel. — Sa rivalité avec Delmas. — Effervescence populaire. — Delmas est nommé commandant en chef de l'armée du Rhin.

La capitulation de Mayence et les fautes commises par quelques lieutenants de Beauharnais eurent pour résultat l'investissement complet de Landau, dont la prise, par l'ennemi, devait lui ouvrir, toutes grandes, les portes de l'Alsace.

Depuis quatre mois déjà, le prince royal de Prusse, avec 6.000 hommes, tenaient cette place en échec. Mais, dès le 28 juillet, le blocus devint effectif, l'ennemi ayant pris la résolution de réduire Landau par la famine.

Le général Delmas, ainsi que les 1er et 3e bataillons de volontaires de la Corrèze — ce dernier ayant à sa tête Treich des Farges (de Meymac) — avaient été désignés pour renforcer, à la fin de juillet, la garnison que commandait Laubadère, depuis le départ de Gilot.

Comme Gilot faisait célébrer, tous les dimanches, à l'église catholique de Landau, la messe, à laquelle assistaient bon nombre d'officiers et de soldats, et que l'ennemi avait profité de cette circonstance pour surprendre la place, à l'heure où ses défenseurs étaient en prières, Delmas, le lendemain de son arrivée à Landau, prit un arrêté pour supprimer les offices et pour transformer les églises en magasins à fourrages.

Avec son ardeur habituelle, il combattit énergiquement l'esprit contre-révolutionnaire qui, croyait-il, animait certains régiments de la garnison, tels le 55e régiment de ligne (ancien régiment de Condé) et le 22e régiment de cavalerie (ci-devant Royal-Navarre), et les actes d'indiscipline, par trop fréquents, qui éclataient dans la ville. Un jour qu'il revenait de visiter les ouvrages avancés, « il avait rencontré, affirme M. Vacher (1), une troupe de soldats qui donnaient l'assaut à

---

(1) *Historique des Bataillons de Volontaires de la Corrèze pendant les guerres de la Révolution.* Tulle, 1882.

une boutique de boulanger, en écartant violemment la population civile qui attendait la distribution des rations. Un arrêté de la place interdisait aux soldats de s'adresser aux boulangeries de la ville, réservées à la population civile. Emporté par sa fougue naturelle, Delmas s'était élancé sur le groupe des militaires, qui étaient des soldats de Royal-Navarre, les avait bousculés et maltraités, assaisonnant les coups d'expressions soldatesques où il reprochait à ces hommes leur indiscipline, leur gourmandises et leur lâcheté. » Cette attitude déplut au représentant Dentzel.

Le conventionnel Dentzel, né allemand, mais ayant juré de mourir français, s'était enfermé dans Landau et ne parlait rien moins que de faire passer par les armes le premier qui parlerait de se rendre. Laubadère était brave, mais c'était une nature timide et indécise, alors que Dentzel avait le tempérament autoritaire et ardent. Un conflit ne tarda pas à s'élever entre les deux hommes.

La ville se partagea alors en deux camps adverses. Le Comité de Salut public, composé des Jacobins les plus exaltés, s'était rangé du côté de Laubadère et faisait une guerre acharnée au représentant qu'il qualifiait de prêtre et d'étranger (1).

Delmas et Treich des Farges prirent le parti de Laubadère.

Du côté de Dentzel se trouvaient le Club des Jacobins landauviens et la plus grande partie de la population civile. Il avait même des partisans jusque dans les troupes françaises.

Les mesures prises en vue de la défense de Landau, par le conventionnel, avaient soulevé de nombreuses et vives réclamations. Il avait dit à Delmas : « Je ne suis pas de deux cents lieues comme vous, et si, comme moi, vous étiez de Landau, vous agiriez de même » (2).

---

(1) Dentzel était, en effet, un pasteur protestant que le département du Bas-Rhin avait envoyé à la Convention.

(2) Arthur Chuquet, *Hoche* (Ch. VIII, Landau), Paris, Chailley. éditeur.

A quoi Delmas avait répliqué :

« C'est parce que je suis de deux cents lieues que je me crois mieux en situation que vous de reconnaître, et plus capable d'exécuter ce que réclame le salut de Landau. Je suis bien convaincu qu'il faut à un député une terrible dose de vertu pour opérer le bien dans son pays et ne point céder aux préoccupations locales ou personnelles qui l'assiègent. »

Delmas, le lendemain, fut suspendu et mis aux arrêts de rigueur.

Cette mesure fut généralement désapprouvée. Laubadère, racontant l'incident, dit : « Oui, Delmas, à la fierté de son naturel, joint les vertus franches d'un vrai patriote, et lorsqu'il voit le mal, sa fermeté, ses sentiments républicains ne lui permettent pas de le dissimuler. » C'est pourquoi Delmas écrivit, en ces termes, à Dentzel pour protester contre la punition dont il était frappé :

« Citoyen représentant, salut.

» Hier au soir, le général Laubadère m'a exhibé vos ordres, auxquels, sans doute, je me conforme exactement. Mais les moyens tout à fait despotiques et tyranniques que vous employez en ce moment contre moi, ne me permettent pas de garder plus longtemps le silence sur un tel traitement.

» C'est sans crainte et en républicain que je vous parle : nul esprit de passion, nulle haine ne m'inspirent, mais bien mon cœur et mon devoir.

» Je demande que le glaive de la loi s'appesantisse avec toute sa justice sur celle de nos deux têtes qui sera reconnue coupable ; car nous ne pouvons nous dissimuler qu'en nous deux il existe un criminel.

» Landau, le 14 août 1793.

» *Le citoyen* Delmas. »

M. Arthur Chuquet, dans son excellent livre sur *Hoche*, a dit, en détail, les douloureuses épreuves par lesquelles les landauviens et nos soldats passèrent pendant toute la durée du siège, ainsi que les nombreux incidents qui marquèrent la rivalité de Laubadère, de Delmas, de Treich des Farges et leurs amis avec Dentzel. Nous lui empruntons le récit de ces dramatiques événements qu'il sut, mieux que tout autre, mettre en évidence.

« Dès le mois d'août, nous apprend M. Arthur Chuquet, la lutte s'engageait. Delmas, nommé général depuis le 30 juin (1) et commandant en second, avait pris un grand ascendant sur Laubadère, qui ne voyait plus que par ses yeux. Bouillant, emporté, poussant la vivacité jusqu'à la rudesse, il rompit en visière avec Dentzel.

» Le représentant avait demandé pour son beau-frère, dont il vantait l'intelligence, le grade de chef d'escadron au 16e régiment de dragons ; Delmas répondit que le beau-frère de Dentzel était incapable. Le conventionnel avait fait établir un tribunal criminel militaire composé de l'accusateur et de cinq juges. Le 13 août, Delmas, qui présidait le conseil de défense, en l'absence de Laubadère, déclara que Dentzel voulait se mêler de tout et n'avait pas de pouvoirs, qu'il ne méritait aucune confiance, qu'il était un Michel Morin. Dentzel se vengea, il suspendit Delmas dès le lendemain : Delmas, disait-il, s'était permis sur son compte des expressions avilissantes ; Delmas avait violé les lois de l'humanité envers ses subordonnés en les frappant du pied et de la main ; Delmas avait échangé quelques mots avec un parlementaire malgré l'arrêté du Comité de Salut public, qui défendait aux généraux de parler aux trompettes ennemis.

» Le 27 août, Laubadère, prétextant une maladie, pria Dentzel de lever les arrêts de Delmas qui dirigerait une sortie. La démarche était imprudente. Serviez, Laval du Fort et autres chefs de corps s'irritèrent que Delmas, jeune encore, inexpérimenté, parut le seul propre à mener l'expédition. Dentzel, enhardi par leur opposition, répliqua que la Convention prononcerait sur le cas de Delmas et nomma Serviez commandant en second avec le titre provisoire de général.

---

(1) Sa nomination, par les représentants, est du 19 mai, elle ne devint définitive que le 30 juin suivant.

Delmas, furieux, ameuta ses amis, et Dentzel fut, en pleine séance du Conseil, couvert d'insultes. Mais les chefs de corps et la Société des Jacobins de Landau approuvèrent Dentzel. Les chefs de corps, assemblés avec la permission de Labaudère, écrivirent au député qu'ils voyaient avec indignation la représentation nationale outragée dans sa personne ; que la Convention et ses délégués étaient l'unique point de ralliement, qu'il méritait la confiance publique, qu'il devait veiller jusqu'au bout à la conservation de la place et réprimer la cabale montée par Delmas, Treich, Forel, Hardouin et Victor Laudier. Les Jacobins de Landau protestèrent pareillement. Ils prièrent le représentant de punir les « cabaleurs astucieux » et déclarèrent que Dentzel montrait le patriotisme le plus pur, qu'il faisait régner dans la ville la concorde et la fraternité, qu'il avait encouragé les soldats, visité les postes, risqué sa vie, et que le Club donnerait pour lui ses biens et son sang. Dentzel l'emportait. On reconnut Serviez comme successeur de Delmas. Le fougueux Hardouin, dénoncé au Conseil de défense, qu'il avait nommé un « Comité autrichien », fut traduit au tribunal militaire et incarcéré.

» Mais Delmas avait informé ses amis et compatriotes, les représentants Ruamps, Borie (1) et Millaud. Treich écrivait que Dentzel voulait réunir tous les pouvoirs, qu'il était hostile aux volontaires, qu'il groupait autour de lui les officiers de ligne qui soupiraient avec l'avancement, qu'il était prêtre, et « ce mot renfermait tout ».

De Wissembourg, Ruamps, Borie, Millaud, combattirent Dentzel à coups de lettres et d'arrêtés. Ils nommèrent Treich général de brigade. Ils affirmèrent qu'eux seuls étaient commissaires de la Convention près l'Armée du Rhin, que leurs délibérations sur les faits militaires étaient les seules valables, et forts de la loi, soutenant que tout arrêté devait être signé de deux représentants au moins, ils décidèrent que Delmas reprendrait ses fonctions de commandant en second,

---

(1) Jean Borie, député de la Corrèze à la Convention.

que Serviez serait suspendu et mis provisoirement dans une maison de sûreté ; ainsi que toutes les personnes suspectes. Ils comptaient, ajoutaient-ils, sur la fermeté de Laubadère pour pour faire respecter leur décision. Enfin, le 21 septembre, Ruamps envoyait à Laubadère un décret du 29 août qui rappelait Dentzel à Paris. Dentzel, disait-il, n'a pas plus d'autorité dans la ville que Louis XVII à Paris, et il ordonnait au général de réintégrer Delmas et de suspendre tous les partisans du prêtre. (1).

Le 28 septembre, Laubadère, considérant la loi comme sa « Coupole », signifia sèchement à Dentzel que ses pouvoirs étaient « finis à Landau ». Il réintégra Delmas dans son commandement et mit aux arrêts de rigueur Serviez, Demestre et les chefs de corps Laval du Fort, Legros. Une insurrection, qu'il qualifiât « d'élan patriotique », éclata dans la garnison. Delmas parcourut la ville en triomphateur, escorté de ses amis, qui criaient sous les fenêtres de Dentzel : « A la guillotine le représentant ». Les soldats se portèrent à la prison et délivrèrent Hardouin. Ils se constituèrent en Société populaire et Hardouin, Forel, les membres du Comité de Salut public excitèrent contre Dentzel ce club improvisé.

---

(1) Voici cette lettre :

« Vissembourg., 21 septembre. an II.

» Nous avons reçu officiellement le décret qui rappelle Dentzel. Je vous le fais passer afin que vous puissiez vous assurer et le convaincre que Georges-Frédéric Dentzel n'a pas plus d'autorité dans Landau que Louis XVII à Paris.

» J'espère, mon ami, qu'aussitôt que vous aurez reçu ma lettre, vous vous empresserez de rappeler Delmas à ses fonctions et à suspendre tous les partisans du prêtre (Dentzel). Vous pouvez être assuré que nous confirmerons toutes les mesures que vous prendrez dans l'intérêt de la République.

» J'aurais bien des choses à vous dire, mon ami, si j'étais assuré que ma lettre vous parviendra sans être décachetée.

» Adieu, je compte sur votre caractère et sur votre dévouement sans bornes à la Patrie, sur votre amitié pour moi.

» Votre ami Ruamps.

» P. S. — Ne m'oubliez pas auprès de nos bons amis Delmas, Forel et Treich. L'on m'a dit que Treich venait d'être nommé général de brigade par le Pouvoir exécutif.

» Je ne sais à qui me fier. Je voudrais bien que Delmas fut ici pour attacher une autre cocarde au général Landremont. Ferino, qui commande l'avant-garde, ne vaut pas mieux. »

Le lendemain 20 septembre, nouveaux et violents discours de Physiophile et de Misobasile dans la grande ville. On traita Dentzel de tyran et de roi de Landau ; on proposa de lui couper la tête et de mettre les chefs de corps au cachot ; on courut à la maison du représentant ; on escalada les murs du j ardin où il se promenait ; un grenadier lui porta un coup de sabre qu'il para de la main ; sans un officier du 8e de la Haute Saône, le conventionnel eût été assassiné. Mais Laubadère fut avertit par Hardouin et par Dentzel ; Hardouin redoutait les conséquences de l'émeute qu'il avait déchainée ; Dentzel, craignant pour sa sûreté personnelle, criait à la violation de la représentation nationale, et dans un billet écrit à la hâte, sommait le gouverneur de le protéger. Laubadère se rendit chez Dentzel. Sa présence ne put dissiper l'attroupement. Il eut l'idée de faire battre la générale et chacun gagna son poste. Laubadère passa devant les bataillons ; il leur dit que Dentzel était rappelé par un décret de la Convention, qu'on devait respecter le caractère sacré dont il était revêtu, et lui-même, le sabre à la main, alla placer une garde à la porte du conventionnel. Mais, dans sa proclamation, il ne blâma pas la conduite des soldats et laissa les soupçons planer sur les chefs de corps : « Vous craignez, disait-il à la garnison, les communications que peuvent avoir les personnes suspendues ; je vous promets de faire disparaître vos inquiétudes. »

Dentzel se renferma dans son logis et ne siégea plus au Conseil de défense. Mais les troubles ne cessèrent pas. Le 18 octobre, en prévision d'un bombardement, Laubadère ordonnait de dépaver les rues sous quarante-huit heures et de mettre les pierres contre les murs des maisons, dans les cours et les jardins. Trois jours plus tard, il annonçait que quiconque était incapable de porter les armes quitterait Landau sur le champ. Mesure irréfléchie et d'ailleurs impraticable ! L'assiégeant aurait-il ouvert le passage aux Landauviens ? En réalité, Laubadère voulait se débarrasser des gens les plus riches, qui s'étaient attachés à Dentzel. Mais les habitants protestèrent qu'ils s'étaient pourvus de vivres pour six mois et que le commandant n'avait pas le droit de les chasser.

Le Conseil général jura que les citoyens qui s'étaient « approvisionnés à la sueur de leur front », ne se laisseraient pas arracher de leur domicile. Les femmes se réunirent sur la place et crièrent qu'elles ne s'en iraient que si la citoyenne Delmas partait la première. Les officiers, les soldats firent cause commune avec la population et refusèrent de se séparer de leurs maîtresses. Un grand nombre de militaires et de bourgeois se rendirent à l'Hôtel-de-Ville où Laubadère délibérait avec le Conseil général. Ils exigèrent que les chefs de corps retenus par ordre de la Convention fussent incontinent relachés. Vainement Laubadère répliqua qu'il devait respecter les décisions de l'Assemblée et qu'il était personnellement responsable de leur exécution, qu'il donnerait aux pétitionnaires toute satisfaction qui dépendrait de lui lorsque la séance serait levée. On lui répondit qu'on saurait, sans lui, délivrer les prisonniers; on se porta chez les chefs de corps, on les pressa de rompre leurs arrêts, on leur mit de force leur habit et leurs bottes. On les entraîna chez Laubadère aux cris de vive la République! Laubadère céda. Il assura que ses intentions avaient été calomniées, qu'il ne voulait expulser personne et qu'il comptait que les citoyens de Landau lui indiqueraient d'eux-mêmes les bouches inutiles : Il se doutait qu'on ne les indiquerait pas. Puis il convoqua la garnison et la pria d'émettre ses vœux sur les officiers qu'il avait suspendus. Le 55e régiment d'infanterie et le 22e de cavalerie redemandèrent leurs chefs à l'unanimité. Les autres corps, à l'instigation de quelques ambitieux, les laissèrent aux arrêts.

Pendant que les factions se disputaient le pouvoir, à Landau, que se passait-il à l'Armée du Rhin? Beauharnais essayait vainement de faire lever le siège de cette place, et, découragé, donnait sa démission. Landremont le remplaçait (1). Il ne fut pas plus heureux dans les opérations qu'il dirigea contre la coalition austro-prussienne et les émigrés. Les 18, 19 et

---

(1) Landremont était un officier des armées de l'ancien régime, brave, actif, mais imprudent. En 1790, avec cent dragons, il fut détaché dans le Limousin pour protéger la circulation des grains et y organisa les volontaires. (A. Chuquet, *Wissembourg*).

20 septembre 1793, il attaqua l'ennemi dans la forêt de Bienwald. Dans ces engagements, un détachement du 1er Bataillon de la Corrèze, qui n'avait pas suivi Delmas et les autres compagnies à Landau, se fit tout particulièrement remarquer. « L'acharnement, dit M. Arthur Chuquet (1), était égal des deux parts. Les Autrichiens épuisèrent toutes leurs munitions et durent emprunter aux Prussiens de la poudre et des balles. Leurs pièces s'échauffaient tellement à force de tirer qu'il fallut, pour s'en servir encore, les rafraîchir à de fréquents intervalles. Mais les Français n'étaient pas moins obstinés. Le 18, dans les bois de Schaidt, leurs blessés crièrent *Vive la République* et firent le coup de fusil jusqu'à la nuit close. Un caporal du 1er Bataillon de la Corrèze ne cessa de se battre, bien qu'il eût un doigt de la main gauche emporté. Des Corréziens pissaient sur le canon de leur arme pour le refroidir et le recharger sans enflammer la poudre. D'autres pissaient dans le canon même, pour le laver et le frotter ensuite avec un lambeau de leur chemise. Le bataillon finit par manquer de cartouches. Il fonça, la baïonnette en avant; les ennemis s'enfuirent en laissant sur la place les marmites avec leur soupe, les pots remplis de pommes de terre, les écuelles pleines de café au lait, et, sur un autel, dans une baraque de branchages, un pâté tout frais. »

Mais les échecs répétés que nos troupes essuyaient aux frontières du Nord et du Rhin avaient indisposé les représentants en mission, et, par suite, la Convention, contre les officiers généraux d'origine noble. Le remplacement de Landremont fut demandé par Ruamps et Borie.

A la Convention, le ministre de la guerre, qui venait, à la date du 24 septembre, de destituer Landremont, proposa, en son remplacement, la nomination de Delmas, élevé ainsi, à peine âgé de 25 ans, au grade de général de division.

Du Roy, qui avait été en mission à l'Armée du Rhin, prit la défense de Landremont qui, affirmait-il, avait la confiance des soldats. « Quant à Delmas, ajoutait l'orateur, que l'on pro-

---

(1) *Wissembourg*, page 183.

pose pour le remplacer, je l'ai également connu à l'Armée du Rhin. Si c'est ce jeune citoyen qui commandait le 1er Bataillon de la Corrèze, je sais qu'il est patriote, que c'est un guerrier intrépide, qui s'est distingué depuis le commencement de la campagne ; mais je dois vous dire que je ne lui crois pas assez de connaissance pour concerter un plan d'attaque ou de défense, et par conséquent incapable de diriger les mouvements d'une grande armée. Je demande que la lettre du ministre de la guerre soit renvoyée au Comité de Salut public, avec charge d'en faire son rapport, séance tenante. »

Le discours de Du Roy excita des murmures. On voulait à tout prix exclure les nobles de l'armée (1).

Le 25, aux Jacobins, Robespierre appuya Barrère qui avait demandé au Comité de Salut public l'exclusion des nobles de l'armée. Il déclara que Landremont n'avait rien fait de son armée et que si le « *jeune* Delmas le remplaçait, c'est qu'aucun vieillard n'avait donné autant de preuves de talent et de patriotisme (2). »

Mais Delmas, enfermé dans Landeau, ne pouvait venir prendre le commandement des troupes que la destitution de Landremont laissait sans chef. Bouchotte nomma provisoirement Pichegru à sa place ; mais il refusa.

La nomination de Delmas, nous dit M. Arthur Chuquet, dans une note de son ouvrage *Wissembourg*, fut assez défavorablement accueillie : « Les vrais républicains la réprouvent, écrivait Dupérou à Bouchotte, il est noble et étourdi. » Et le 1er août, les Jacobins de Strasbourg avaient voué son nom à l'exécration des amis de l'humanité parce qu'il avait refusé, disait-on, l'entrée de Landau aux blessés de la garnison de Mayence (3). Mais Delmas s'était signalé depuis le commencement de la guerre : « C'est un chaud Jacobin, écrivait-on au *Journal de la Montagne* (n° 96), et brave dans toute la force du

---

(1) Arthur Chuquet, *Wissembourg*.
(2) Idem. — *Moniteur* du 28 septembre.
(3) Hetiz, *Soc. pol.*, 273.

terme. » Bouchotte pensait à le nommer commandant de Strasbourg à la place du général Sarre, suspendu (1).

Le 8 mai 1793, Montaut, Ruamps et Soubrany le déclaraient : « aussi intrépide qu'intelligent » et assuraient, qu'à Bingen, il avait tué, de sa main, un cavalier prussien qui emportait le drapeau des Volontaires de la Corrèze. Il est vrai que le sous lieutenant Blanchand prétend « que le drapeau était tenu par un homme qui avait peine à suivre » et que Delmas, qui était bien monté, « se chargea de le porter et ne manqua pas de dire qu'il l'avait arraché des mains de l'ennemi. » (2).

Tous ces propos n'étaient pas fondés ; ils puisaient leur origine dans le conflit qui s'était élevé entre Delmas et Dentzel à Landau.

Quoiqu'il en soit, ajoute M. Chuquet, Delmas ne pouvait sortir de Landau assiégé. Le 9 octobre, Ruamps le pria de quitter la place et d'emmener avec lui Treich qui remplacerait Clarke comme chef d'état-major, et Trentinian reçut même, le 12 octobre, l'ordre précis de se rendre, le lendemain, dans les gorges et d'aller aussi avant que possible pour faciliter la sortie du jeune général qui devait, sous un déguisement, arriver à Nothweiler (rapport de Desaix). Mais Delmas fit dire aux représentants (Ruamps, Borie, etc.), qu'il ne pouvait accepter sa nomination, ni même s'échapper de Landau.

A propos de sa nomination, et du projet qu'il formait de quitter Landau pour aller prendre le commandement en chef

---

(1) Nous avons établi que Delmas n'était pas noble ; que lui-même, chaque fois qu'il en trouvait l'occasion, ne manquait jamais de protester contre ses prétendues origines aristocratiques. La pièce fausse, fabriquée par ses parents, entichés, eux, de noblesse, et qui figurait au dossier de Delmas, au Ministère de la guerre, était l'unique cause des accusations qui étaient portées contre lui par Dupérou et autres Jacobins soupçonneux.

On voit donc que par la marche même des événements, l'extrait de naissance fabriqué par la famille de Delmas, dans son intérêt, portait plutôt préjudice à celui-ci. (Voir plus haut, Chapitre I). La famille, il est vrai, n'avait pas prévu la Révolution, ni les opinions de son enfant.

(2) *Journal des événements qui ont eu lieu pendant le blocus de Landau.*

de l'Armée du Rhin, Delmas écrivit aux représentants Ruamps et Borie la lettre suivante :

« Landau, le 11 octobre 1793, IIe de la République française une et indivisible.

» J'ai reçu votre lettre du 9 de ce mois ; je dois vous dire qu'elle ne renferme pas tout ce que vous m'annoncez ; mais cela ne me surprend pas ; il ne passera pas aisément d'espions que ceux à qui l'ennemi voudra bien le permettre ; par une lettre anonyme, je fus averti deux heures avant le moment où je devais m'acheminer vers Wissembourg que l'ennemi était instruit depuis le matin que j'avais ordre de ne pas perdre un instant pour rejoindre l'armée à Wissembourg. Il me paraît que l'avis n'était pas mauvais, car vous ne me parlez pas des dépêches qui furent envoyées par l'espion qui devait me conduire, ce qui me fait présumer qu'il a subi le sort de Mathe.

» Sans doute ce ne fut pas la crainte du danger qui me retint, mais bien le désir de ne pas être privé de servir utilement mon pays dans un moment surtout où il a besoin du secours de tous ceux qui sont capables de combattre ses ennemis jusqu'à la mort.

» Vous verrez par une copie de la lettre que je donnai à cet espion quels sont les motifs qui me déterminaient à partir.

» Vous y trouverez aussi la réponse précise que je vous fais relativement au commandement que la Convention voulait me donner. En vérité, plus je réfléchis, plus je m'inquiète sur les succès qu'on avait lieu d'attendre de cette magnifique armée ; placez-y un brave bougre ; je ne connais pas Pichegru, tant mieux s'il est bon. Si Carlene (*sic*) dont vous me parlez est le lieutenant-colonel du 11e dragons, je vous engage à l'employer, c'est un bien brave homme dont les talents militaires me sont connus, ayant d'ailleurs le grand sang-froid qui n'est accordé qu'aux hommes braves.

» Rappelez-vous que pour arriver auprès de nous, il faut faire passer le Rhin dans le Haut-Rhin et dans le Bas-Rhin à 8 ou 10 lieues de Lauterbourg, car il ne faut pas, pour que la diversion soit avantageuse, que ce dernier passage du Rhin se fasse ni trop près ni trop loin de l'ennemi ; vous en sentirez aisément la raison. Rappelez-vous aussi que vous avez deux armées à repousser en face de vous, car l'armée prussienne n'est que derrière Landau et elle est destinée à soutenir au besoin celle qui est en votre présence.

» Je me résume en vous assurant que, quoiqu'il existe à Landau de grands conspirateurs contre la République, leurs projets seront déjoués; les enfants de l'égalité que renferme cette cité seront toujours dignes de l'estime de leur mère-patrie. Ils mourront libres. Tout à vous, mes amis.

» *Le Sans-culotte*, Delmas. » (1).

Au moment où Delmas écrivait cette lettre, il était remplacé à la tête de l'Armée du Rhin. Pichegru n'ayant pas cru devoir accepter cette lourde charge, ce fut à Carlenc, — aux talents duquel Delmas rendait hommage, — qu'elle échut, par décision des représentants en mission, à la date du 20 octobre 1793.

Delmas n'était point indigne de la faveur dont l'honorait le Comité de Salut public. Depuis le commencement de la campagne, il s'était montré brave, courageux, parfois héroïque. Il avait prouvé, en outre, qu'il possédait un talent de tacticien, et nul doute qu'il n'eût conduit l'Armée du Rhin à des succès retentissants et débloqué Landau si les circonstances avaient été plus favorables.

Ce fut Hoche, successeur de Carlenc, qui eut, dès lors, l'honneur de ramener la victoire sous les plis frémissants des drapeaux républicains !

---

(1) Archives du Ministère de la guerre. — V. de Seilhac, *op. cit.*

CHAPITRE V

Le bombardement. — Suite du conflit. — *Landau ou la Mort!* — L'offensive de Hoche. — Délivrance de Landau. — Arrestation de Delmas. — Son incarcération à Paris. — Sa mise en liberté.

L'estime dans lequel le gouvernement tenait Delmas, n'avait pas désarmé les frères ennemis, c'est-à-dire Dentzel et ses amis. Le 28 octobre, Landau fut bombardée. Cette opération prit le caractère d'une grande violence ; elle dura quatre jours et trois nuits pendant lesquels la population fit montre d'une grande endurance.

« Tant que dura le bombardement, nous dit encore M. Arthur Chuquet, le péril commun fit oublier les dissentiments particuliers et réunit tous les esprits. La discorde renaquit dès que le canon prussien eut cessé de tonner. Dentzel ne renonçait pas à ressaisir son influence. »

....

« Le jour où la garnison délivrait les chefs de corps, il s'était rendu chez Laubadère pour jurer au général, en présence de Delmas, qu'il n'avait pris aucune part à l'insurrection. Mais on savait qu'un de ses affiliés, capitaine au 3e Bataillon du Bas-Rhin, Schneegans, avait surpris des billets de ce Schneegans qui mandait à Dentzel d'envoyer à Paris une adresse signée des soldats, d'adopter le tutoiement et dans ses lettres à la Convention de déblaterer contre les riches et les accapareurs, de louer hautement les braves défenseurs de la Patrie. Hardouin, Forel, Treich et les membres du Comité de Salut public résolurent de prévenir les rapports de Dentzel et de dépêcher un des leurs à Paris. Forel se chargea de cette mission et tenta plusieurs fois de franchir le cordon d'investissement. Mais il fut arrêté à la porte de la ville. Vainement il protesta qu'il faisait l'espion. Les partisans de Dentzel l'accusèrent de trahison : un homme à grande moustache et au costume jacobin, qui ne savait pas un mot d'allemand, pouvait-il pratiquer l'espionnage? Dentzel reconquit son ascendant. La Montagne avait jusqu'alors dominé dans Landau. La Plaine prit sa revanche et culbuta la Montagne. Un membre du Comité de Salut public fut l'auteur de cette révolution : Victor Laudier, converti, ramené par son frère Hugues, changea soudain d'opinion et dénonça violemment ses anciens amis (1) ».

Le 22 novembre, la salle où siégeait le Conseil de Défense fut envahie par une foule de partisans de Dentzel qui demandaient à ce que la séance fut publique. Laudier dénonça Laubadère, Delmas et le Comité de Salut public pour avoir usurpé l'autorité du conventionnel en mission. Delmas fut accusé d'avoir entretenu des rapports avec l'ennemi et autorisé deux soldats du 16e dragons de rester deux jours au quartier général du prince royal de Prusse (2). Les paroles de Laudier excitèrent un violent tumulte ; Laubadère et Delmas furent menacés. L'avantage resta aux amis de Dentzel qui firent mettre les scellés sur les papiers des généraux et arrêter Treich et les membres du Comité de Salut public, sauf Laudier, leur dénonciateur.

Le lendemain, l'agitation recommença au sein du Conseil

---

(1) Arthur Chuquet, *op. cit.*

(2) Laubadère, dans ses *Mémoires*, confirme et explique le fait : Un prussien, prisonnier à Landau, avait reçu naguère quelque argent de ses camarades ; les deux dragons portèrent sa quittance aux avants-postes et furent, à leur retour, arrêtés par une patrouille ennemie. » (V. A. Chuquet, *op. cit.*)

de Défense ; on y refit le procès de Laubadère et de Delmas. Mais Dentzel n'abusa pas de son triomphe. Quelques jours après, il scellait sa paix avec ses ennemis (1).

Cependant Landau était toujours étroitement bloquée. Les Prussiens faisaient tous leurs efforts pour l'amener à capituler. En dépit des souffrances physiques et morales, des querelles intestines et du profond désarroi qui existait dans l'exercice du commandement, les assiégés, tant civils que militaires, refusaient de se rendre.

De son côté, Hoche, qui avait pris le commandement de l'Armée du Rhin, était bien résolu à délivrer la place. Le 22 décembre, le jeune général s'avançait, avec trois divisions, sur Frœschviller, par le Jagerthal et la vallée de Langensoultzbach. Comme le dit M. Arthur Chuquet, il n'avait qu'un vœu, qu'une volonté : Débloquer Landau qui était à bout de forces. Les troupes criaient, comme auparavant pour Mayence : *Landau ou la Mort !*

Enfin, le 28 décembre, Hoche, par la victoire qu'il remporta au Geisberg, délivra la ville.

Loin de désarmer, les partisans et adversaires de Dentzel recommencèrent aussitôt à se déchirer. C'était à qui s'attribuerait les mérites et l'honneur de la résistance.

Le parti de Dentzel l'emporta tout d'abord, mais les représentants en mission ayant prescrit une enquête sur les dénonciations de Treich des Farges et du Comité de Salut public, ordonnèrent l'arrestation de Dentzel, d'une partie de sa famille et de ses principaux amis. Ils se défendirent avec acharnement de l'accusation de complot contre la République qui était portée contre eux. Ils crièrent tant et si fort que Saint-Just écouta leur protestation. Ce fut au tour des adversaires de Dentzel à être mis sur la sellette. Laubadère, Delmas, Treich et autres, furent arrêtés et incarcérés.

Ainsi se termina la querelle de Landau.

« Tous ces hommes se haïssent et s'accusent, dit M. Arthur

---

(1) Arthur Chuquet, *op. cit.*

Chuquet, en mode de conclusion à la querelle des deux factions qui déchirèrent Landau pendant le siège ; ils ne rêvent que complots ; ils ne voient autour d'eux que trahisons ; ils suspectent la moindre démarche, le moindre mot, et sûrement il n'y avait à Landau ni conspirateur, ni traître. Mais tous désiraient dominer ; tous étaient atteints de cette maladie du soupçon qui s'étendait alors sur la France entière et qui sévira toujours dans notre pays au milieu des revers. »

Treich des Farges, du 3e Bataillon de la Corrèze, avait été promu, nous l'avons vu, général de brigade à Landau. Il fut de ceux qui s'acharnèrent pendant le siège à ruiner l'autorité de Dentzel, et même à le perdre, après la délivrance de la place. Arrêté une fois par ordre de Dentzel, puis par celui de le Convention, Treich publia, pour se justifier : *Mémoire du Citoyen Treich, général de brigade, sur la conspiration de Landau* (1).

« Rapporter des faits, donner la preuve, rendre compte de ma conduite, dit-il dans une sorte d'épigraphe de son livre, voilà ma tâche ; je vais m'y renfermer exactement. » Si nous en croyons M. Chuquet, qui qualifie notre compatriote de « bizarre et vilain personnage », ce mémoire serait plein de faussetés. On répondit, d'ailleurs, au plaidoyer de Treich, par un autre mémoire signé Gillet et Fried : *Réfutation par les habitants de Landau de quelques-unes des faussetés qui composent le Mémoire de Treich.*

Les Jacobins de Landau en voulaient à Treich d'avoir dénoncé Gillot, auquel Laubaudère succéda ; il l'avaient, de ce fait, rayé de leurs listes. Treich en garda un gros ressentiment qui expliquerait en partie son attitude envers Dentzel et sa faction, si l'amitié qu'il avait pour Delmas ne l'avait déterminé à prendre son parti contre ceux qui voulaient perdre le jeune général corrézien (2).

Après la délivrance de Landau, le général Delmas, remis en

---

(1) Un volume in-12 de 191 pages, imprimé chez Potier, rue Favart, n° 427 (obligeamment communiqué par M. Georges Bertin).
(2) A Chuquet, *op cit.*

liberté, fut appelé à servir dans l'armée de Hoche, dont le but était de chasser complètement l'ennemi de notre territoire. Il fut investi des fonctions de chef d'état-major du général Michaud et prit une part glorieuse à toutes les opérations engagées contre les Prussiens. A Lingelfeld, il reçut l'ordre de quitter l'armée et de se rendre immédiatement à Paris.

Que se passait-il?

Le 27 nivôse, an II (17 janvier 1794), Dentzel, qui venait de reprendre sa place à la Convention, fut violemment attaqué par Bourdon de l'Oise, qui lui reprochait les « crimes » dont il s'était couvert à Landau. Danton le défendit, tout en demandant son arrestation. Un décret fut rendu dans ce sens, et Dentzel, incarcéré aux Carmes, d'où il ne cessa d'intriguer contre Delmas et ses anciens adversaires de Landau.

Le 28 germinal, an II (18 avril 1794), une délégation de l'ancienne Société populaire de Landau alla se plaindre aux Jacobins de Paris de la formation d'une nouvelle Société qui avait mis le trouble et la division dans la ville rhénane. Delmas fut dénoncé comme en faisant partie, en sa qualité d'ex-noble et d'ennemi de Dentzel. L'affaire fut transmise au Comité de Salut public. Dentzel agit en conséquence et parvint à faire croire au terrible Comité que Delmas et ses amis étaient des dantonistes ardents, d'autant plus dangereux qu'ils étaient aimés des soldats (1). Leur arrestation fut décidée.

Delmas n'ignorait pas ce qui l'attendait à Paris. Il essaya alors de mettre un terme à ses jours en chargeant l'ennemi à la tête de ses cavaliers ; mais la mort ne voulut pas de lui. Il s'était approché de son frère, sur le champ de bataille de Rehut, et lui avait dit : « Je ne veux pas porter ma tête sur l'échafaud : j'ai une bonne occasion de me faire tuer, je vais en profiter. » Conduite avec audace et énergie, la charge de Delmas culbuta l'ennemi qui était près de forcer les lignes de Kaiserslautern, et permit à Desaix de reprendre l'offensive (20 mai 1794).

---

(1) Vacher. *op. cit.*

Après l'action, Delmas se rendit au colonel de gendarmerie qui lui avait remis l'ordre de quitter aussitôt sa division pour se rendre à Paris (1).

Arrivé dans la capitale, il fut enfermé à la prison des Carmes, où Hoche et Laubadère venaient à leur tour d'être incarcérés. Le registre d'écrou portait la mention suivante : *Delmas, général de division, entré le 20 prairial, — suspect — d'ordre du Comité de Salut public — en liberté le 14 messidor.*

L'instruction ouverte sur les faits reprochés à Delmas tourna à son profit. Il resta à peine un mois en prison et fut relaxé le 2 juillet 1794.

Quelques jours après, il rencontrait Hoche, lui aussi mis en liberté, à la frontière. Ils se félicitèrent d'avoir échappés au supplice que la rigueur des temps avait réservé à Custine, à Houchard, à Dillon, à Beauharnais, à tant d'autres. Et Hoche d'ajouter : « Oublions cela, mon ami, craignons que ce souvenir ne nous rende injustes pour ceux qui servirent la Patrie en péril et qui s'immolèrent pour elle. »

---

(1) Notes de famille. — L. Vacher, *op. cit.*

CHAPITRE VI

Delmas à l'armée du Nord. — Le siège de Bois-le-Duc. — La paix de Bâle. — Reprise des hostilités par l'armée du Rhin (1796). — Belle conduite de Delmas. — Il est désigné pour l'armée d'Italie (1797).

L'armée du Nord, que commandait Pichegru, continuait le cours de ses exploits. Depuis Fleurus, elle avait fait le projet d'envahir la Hollande et de s'en emparer. Vers la fin d'août 1794, le général Delmas fut appelé, par Carnot, au commandement d'une des divisions de l'armée du Nord. Il devait y rencontrer Moreau et un de ses compatriotes, Souham, et se lier d'une forte et durable amitié avec le premier de ces officiers généraux.

A peine entré en campagne, Delmas se signale à Boxtel où il soutint un engagement contre un important parti d'anglais. C'était l'avant-garde du duc d'York forte de 6,000 à 7,000 hommes. Le général anglais se retira derrière la Meuse. Pour pouvoir l'y poursuivre, il était indispensable de s'assurer d'une bonne position. Bois-le-Duc réunissant les conditions les plus avantageuses pour la réussite de cette opération, on résolut de s'en emparer.

L'entreprise n'était pas sans présenter de périlleuses difficultés.

Des forts bien défendus couvraient la place. Elle fut néanmoins investie le 23 septembre 1794 (1er vendémiaire) par une brigade de la division Delmas aux ordres du général Daëndelz et par une autre brigade de la division Souham aux ordres du général de Winter (1).

Delmas attaqua les positions avec des pièces de bataille, en ouvrant une tranchée à 80 toises des glacis, somma la garnison de Crèvecœur de se rendre. Mais la place de Bois-le-Duc, dont Crèvecœur n'était qu'un important ouvrage avancé, résistait. Dans la reconnaissance qu'il fit de la ville, il se trouva tout à coup devant le fort d'Orthéim, entouré d'un large fossé et palissadé ; ayant découvert dans l'enceinte un point dégarni et remarqué une sorte d'hésitation de la part des assiégés, il se tourne vers ses officiers et quelques hussards d'escorte : « Mes amis, leur dit-il, le fort est à nous, qui m'aime me suive ! » Et poussant son cheval en avant, il franchit le fossé et pénètre dans le fort dont il s'empare (2).

Crèvecœur capitula le 27 septembre.

Les représentants du peuple, envoyés en mission près les armées du Nord et de Sambre et Meuse, écrivaient à la suite de ce fait d'armes, au Comité de Salut public, d'Heeswick, le 9 vendémiaire an III :

« Nous vous annonçons, citoyens collègues, la prise importante du fort de Crèvecœur, sur la Meuse, une des principales clefs de Bois-le-Duc, avec laquelle nous serons maîtres de l'inondation. Nous joignons à notre lettre la capitulation : cinq cents hommes, vingt-neuf bouches à feu, mille fusils neufs armés de leurs baïonnettes, dix fusils de rempart, trente milliers de poudre, et la terreur dans Bois-le-Duc sont le résultat de la reddition de ce fort.

» Cette prise importante par les suites qu'elle doit avoir, est principalement due à l'audace du général de division Delmas, qui a déployé avec beaucoup de supériorité les armes morales et physiques alternativement.

---

(1) *Histoire chronologique des opérations de l'Armée du Nord et de celle de Sambre et Meuse (1794-1795)*, par le citoyen David. — *L'Observateur impartial aux Armées de la Moselle, des Ardennes, de Sambre et Meuse et de Rhin et Moselle (1792-1796)*, par P. C. Le Comte.

(2) Archives du Ministère de la Guerre. — L. Vacher, *op. cit.*

» Croiriez-vous qu'il a attaqué cette place avec des pièces de bataille? Aussi a-t-il ouvert la tranchée à quatre-vingts toises du glacis; et le cheminement s'est fait avec l'audace républicaine dont il donne l'exemple aux troupes qu'il commande. C'est encore lui qui a pris un fort à deux cent cinquante toises du corps de la place de Bois-le-Duc, dont il a franchi les palissades à cheval, suivi de huit régiments de hussards.

» Pitt, Cobourg, York et Guillaume n'approuveront sûrement pas cette manière de se rendre maître des places; ils ne la trouveront pas dans leurs livres de tactique; mais il n'est donné qu'à l'audace républicaine et française de franchir avec succès les règles de l'art.

» Bellegarde et J.-P. Lacombe (du Tarn). » (1).

« Maîtres de Crèvecœur, les Français ne s'occupèrent qu'avec plus d'ardeur des moyens de s'emparer de Bois-le-Duc dont la reddition devenait par cela même beaucoup plus facile. Présent au siège et commandant à la fois l'armée d'observation et l'armée assiégeante, Pichegru, à qui la direction des deux armées prenait trop de temps, crut alors devoir confier les détails de l'armée de siège, et même le commandement, au général de division Delmas, en lui donnant pour conseil le général Sauviac, commandant le génie, et Taviel, commandant l'artillerie, avec lesquels il devait concerter toutes les opérations. » (2).

De nombreuses et vives attaques furent dirigées contre Bois-le-Duc. Dans la nuit du 7 au 8 octobre, Delmas fit sommer le gouverneur de se rendre. Après deux jours de vaines négociations, la capitulation fut signée et les honneurs de la guerre rendus aux défenseurs (3).

Après la prise de Nimègue (10 novembre), l'armée du Nord tendit la main à l'armée de Sambre et Meuse. Et pendant que Jourdan gardait la Belgique, Pichegru, favorisé par un hiver

---

(1) *Réimpression de l'Ancien Moniteur*, 1847, tome 22, n° 245.
(2) *Victoires et Conquêtes des Français*, tome III.
(3) Archives du Ministère de la Guerre. — L. Vacher, *op. cit.*

exceptionnellement rigoureux, faisait prendre les flottes hollandaises, retenues par les glaces, par ses hussards; conquérait brillamment, avec autant d'audace que de promptitude, tous les Pays Bas, et provoquait la paix par le retentissement de ses succès.

Par le traité de Bâle (5 avril 1795), la France s'annexait toute la rive gauche du Rhin.

La paix rendit Delmas à la liberté. Il alla prendre un repos bien mérité à Porrentruy, au milieu de sa famille.

La guerre ayant été reprise par le Directoire contre l'Autriche et ses alliés, en Italie et sur le Rhin, le gouvernement confia le commandement en chef de l'armée du Rhin et Moselle à Pichegru, celui de l'armée de Sambre et Meuse à Jourdan et celui de l'armée du Nord à Moreau. Bonaparte fut appelé à celui de l'armée d'Italie (1795).

Tout d'abord, la fortune sourit à nos armées du Nord et de l'Est. Mais la conduite équivoque de Pichegru qui se faisait battre volontairement par l'ennemi, ses coupables intelligences avec les chefs de la coalition et les royalistes émigrés, déterminèrent le Pouvoir à lui retirer le commandement de l'armée de Rhin et Moselle et à le donner à Moreau (1).

Par arrêté du 5 brumaire an IV, Delmas fut remis en activité et appelé bientôt à l'armée de Rhin et Moselle. Lorsque Moreau en prit le commandement, elle comptait environ 70,000 hommes, excellentes troupes, bien disciplinées, bien équipées et animées du meilleur esprit, nous dit M. Paul Gaffarel (2). « Le feu sacré des premiers jours les animait encore. Leur simplicité, leur austérité, leurs vertus même formaient un étrange contraste avec le luxe, la gaieté et les vices de l'armée d'Italie. Moreau avait soin d'entretenir parmi ses soldats d'aussi nobles sentiments, et il était admirablement secondé par un état-major d'élite. Parmi ses lieutenants brillaient au premier rang Gouvion Saint-Cyr et Desaix. On les avait sur-

---

(1) Paul Gaffarel : *Les Campagnes de la première République*, Paris, 1884.
(2) *Op. cit.*

nommés les Spartiates de l'armée. Ils s'aimaient comme deux frères. Saint-Cyr avait l'amour du devoir et Desaix celui de la gloire. Le premier, laborieux et appliqué, saisissait les occasions ; le second, ardent et enthousiaste, les cherchait. Ils avaient réussi à inspirer à leurs soldats un désintéressement absolu et une grande patience. L'armée du Rhin allait bientôt devenir l'armée modèle. » (1).

Moreau, qui avait connu Delmas à l'armée du Nord, sous Pichegru, lui portait un vif intérêt et avait pour ses talents militaires une grande estime. Il lui confia le commandement d'une division dans le corps d'armée du Centre que dirigeait Desaix. Avec celle de Beaupuy, la division de Delmas, compta aux pieds des Vosges, au commencement de la campagne, 31,000 hommes.

Pendant que Jourdan devait franchir le Rhin, remonter la vallée du Mein et rejeter l'ennemi sur la Bohême, Moreau devait pénétrer dans la vallee du Necker et entrer dans celle du Danube. Ce plan, dû à l'initiative de Carnot, ne devait pas se réaliser, du côté de Moreau du moins, sans de sérieuses difficultés. Il nous coûta d'immenses efforts et de grandes pertes. Mais il mit une fois de plus en relief le courage et l'habileté stratégique de Delmas.

Wurmser s'étant retranché dans une forte position à Mudenheim, Moreau, dans le but de masquer son projet de passer le Rhin à Kehl, crut devoir faire une tentative contre cette position le 14 juin 1796, Delmas se mit en marche sur trois colonnes. « La première se dirigea par Walsheim sur Neuhoffen qui fut emporté de vive force. La deuxième traversa le bois de Schifferstadt, où elle rencontra un corps de Croates commandé par le comte Giulay qui fut culbuté et contraint de se retirer au-delà de la ferme de Kolhof. Les Français passèrent la Rehbach, ayant de l'eau jusqu'à la ceinture et sous le feu le plus vif. La troisième colonne, où se trouvait le général Desaix lui-même, pénétra jusque dans la plaine de Mutterstadt, où elle repoussa la cavalerie ennemie ; la cavalerie et l'artillerie

(1) Paul Gaffarel, *op. cit.*

légère de la division avaient été laissées devant la Rehect ; elles ne passèrent cette rivière que lorsque l'ennemi fut repoussé en avant et qu'il fut permis de rétablir les ponts. Ce retard avait obligé l'infanterie, abandonnée à elle-même dans la plaine de Mutterstadt, d'attendre que les escadrons eussent débouché pour prendre l'ennemi en flanc et soutenir les autres attaques. » (1),

Moreau adressa à Delmas des éloges pour la façon dont il avait conduit l'action.

Delmas aida au passage du Rhin à Kehl en maintenant l'ennemi à Manheim. Il passe ce fleuve le 29 juin avec les troupes de la gauche laissées devant Manheim.

Moreau, ayant donné l'ordre d'occuper les revers des Montagnes Noires, ordonna à Delmas d'appuyer le mouvement. Celui-ci prit position à Iffsheim et à Ottersdorff, près du bois de Rastadt. En même temps que la brigade Sainte-Suzanne, Delmas devait paraître à la tête du bois d'Ottersdorff. Retardé dans sa marche par des accidents de terrain, il n'arriva pas en même temps que Sainte-Suzanne, alors qu'il devait attaquer l'ennemi à Nider-Biehel. Celui-ci profita de ce contre-temps pour tomber sur Sainte-Suzanne et infliger à ses troupes des pertes sensibles. Enfin, Delmas arriva pour dégager son compagnon.

A Ettingen, le 9 juillet 1796, Delmas, avec deux brigades, fut chargé de garder les passages de la Pfederbach, en arrière du village d'Otigheim.

Moreau poursuivant les Autrichiens dans la vallée de Filz, Delmas flanque la gauche de l'armée en marchant dans la vallée de la Rems, sur Aalen (3 août).

De cette situation, il résultait que Delmas se trouvait seul, dans la vallée de la Rems, compromis avec une forte colonne ennemie qui se retirait.

En rendant compte au Directoire de ses opérations, Moreau écrivait :

« Notre cavalerie et artillerie légère (à Ettingen), aux ordres

---

(1) *Victoires et Conquêtes des Français*, tome VI.

des généraux Sainte-Suzanne et Delmas, étaient placées dans la plaine entre Muckensturn et Ettingen pour soutenir l'attaque du village de Mulsch et contenir celle de l'ennemi qui a voulu entamer plusieurs charges, ayant à sa tête le prince Charles ; mais le feu de notre artillerie légère et les manœuvres brillantes qu'a fait faire à la réserve le général Desaix ont toujours rendu son dessein inutile.

» Je dois rendre la plus grande justice aux généraux Desaix, Sainte-Suzanne, Delmas et Decaen. Les troupes ont combattu avec le plus grand courage. » (1).

Le 25 juillet, les troupes légères de Delmas attaquèrent les postes ennemis, en avant de Schorndorf, et ils replièrent, après une légère résistance, jusque dans la ville. Mais Delmas ne jugea pas à propos d'engager une affaire avec l'archiduc Charles. Dans les premiers jours d'août, il fit une fausse attaque à Bopfingen. Il abandonna bientôt cette dernière position pour se replier sur le gros de l'armée.

Le 30 août, Delmas est entre Neuburg et Ingelstadt. Le 1er septembre, il reste à la tête du pont d'Ingelstadt pour garder et protéger la gauche de l'armée, Il essaya une attaque de vive force, mais échoua.

Moreau poursuivait ses avantages dans le sud de l'Allemagne. Il allait s'engager plus avant quand il apprit la défaite de Jourdan à Wurtzbourg et la retraite de son armée. Devant le péril qui le menaçait sur ses derrières, le général en chef de l'armée du Rhin résolut de ramener ses troupes en France, en remontant la vallée du Danube. Alors commença cette fameuse retraite de la Forêt-Noire qui valut à Moreau une si grande renommée. Il l'exécuta avec autant de précision que de sang-froid, faisant marcher les parcs et les bagages en avant, suivis aussitôt des régiments. Si les escadrons de Latour s'avisaient de tomber sur les flancs de la colonne, l'arrière-garde se chargeait de les repousser (2).

Au passage du Danube, à Neuburg (14 septembre), Delmas

---

(1) *Réimpression de l'Ancien Moniteur,* 1847, tome 28, nº 300.
(2) Paul Gaffarel, *op. cit.*

se concentrait entre Pruck et Zell. A peine avait-il fini son mouvement qu'il fut abordé sur ses devants par l'avant-garde de Latour. Il reçut à l improviste cette vigoureuse attaque qui lui mit hors de combat six bataillons de sa division. Il envoya aussitôt de la cavalerie pour les secourir et chargea lui-même à la tête d'un de ses régiments avec tant d'impétuosité qu'il tomba, frappé au flanc d'un coup de sabre. Remplacé par Oudinot, celui-ci chargeait lui aussi les Autrichiens et parvenait un moment à les arrêter. Mais la cavalerie ennemie tenta une contre-attaque au cours de laquelle Oudinot fut blessé. Moreau fit dégager nos troupes par Duhesme et prit le commandement de la division de Delmas en attendant le rétablissement de son chef (1).

Avant de s'engager dans les défilés dangereux du Val d Enfer, Moreau résolut de livrer bataille à Latour. Il l'attaqua à Biberach (20 octobre) et le défit.

Après cette action d'éclat, Delmas est dirigé sur Riégel et Hecklingen et, ayant repris le commandement de sa division, il assiste au siège de Kehl, dernière étape de la retraite de Moreau qui venait de réunir sous ses ordres les deux armées de Rhin et Moselle et de Sambre et Meuse.

C'est pendant les opérations de ce siège que le Directoire lui donna l'ordre de détacher deux divisions de ses armées, soit 30,000 hommes et 2,000 chevaux, et de les envoyer à l'armée d'Italie.

La campagne de 1796 en Italie avait été des plus glorieuses. Elle avait valu à Bonaparte une renommée incomparable. Mais les nombreux succès de nos armes avaient affaibli l'armée. Pour les nouvelles opérations qui se préparaient, il était nécessaire de renforcer les effectifs. De là, l'ordre donné à Moreau d'augmenter les contingents de Bonaparte de deux divisions. Moreau attendit la fin du siège de Kehl pour désigner ceux de ses lieutenants qui devaient partir. Comme il avait à cœur de représenter dignement en Italie les deux ar-

---

(1) *Victoires et Conquêtes.*

mées dont il venait de recevoir le commandement, il choisit l'élite de ses soldats et épuisa les magasins pour les équiper. De l'armée de Sambre et Meuse, il détacha la division de Bernadotte, et de celle du Rhin et Moselle la division de Delmas.

Ces deux généraux ne furent pas tout d'abord très flattés du choix dont ils étaient l'objet. Ils préféraient être placés sous les ordres d'un chef, comme Moreau, qu'ils aimaient et estimaient, que d'aller servir les desseins du vainqueur de Rivoli, qu'ils ne connaissaient pas et dont ils se défiaient. Mais l'ordre était formel ; il fallut obéir.

CHAPITRE VII

Delmas en Italie. — Rivalité des soldats de Bonaparte et de ceux de Bernadotte et de Delmas. — Campagne du Tyrol (1797). — Expédition de Schérer (1799). — Batailles de l'Adige et de Magnano. — Récompense nationale.

Pour gagner l'Italie, Delmas, avec sa division, suivit la route de Besançon et de Bourg. Ces mouvements furent exécutés dans les premiers jours de l'année 1797 (1). Bernadotte suivit le même chemin que celui de Delmas.

« Ces deux divisions, formant vingt et quelques mille hommes, passèrent les Alpes en janvier, dans un moment où personne ne se doutait de leur marche. Sur le point de franchir les Alpes, une tempête les arrêta. Les guides conseillaient de faire halte ; on sonna la charge, et l'on brava la tempête, tambour battant, enseignes déployées. Déjà ces deux divisions descendaient dans le Piémont qu'on ignorait encore leur départ du Rhin (2). »

---

(1) Gouvion Saint-Cyr : *Mémoire sur les Campagnes des armées du Rhin et de Rhin et Moselle.*
(2) Thiers, *Histoire de la Révolution française.* T. II.

« Les nouveaux arrivés, dit M. Paul Gaffarel, par leur simplicité, leur tenue sévère et leur discipline formaient un singulier contraste avec les soldats de l'armée d'Italie, fiers de leurs victoires, enrichis des dépouilles de leurs vaincus, fougueux et intempérants. Les soldats de l'armée d'Italie se moquaient volontiers de leurs camarades : ils les nommaient le « contingent », par allusion aux contingents allemands qui, dans l'armée autrichienne, se battaient toujours avec mollesse. Les soldats supportaient ces railleries avec impatience, et déjà bon nombre de coups de sabre avaient été échangés (1). »

Les soldats de l'armée d'Italie qualifiaient ceux de Delmas et de Bernadotte de : *Messieurs*. Ils disaient : « *Ces Messieurs* de l'armée du Rhin », tandis qu'eux se donnaient avec orgueil le titre de « *Citoyens* de l'armée d'Italie ».

Les prétendus « citoyens » de l'armée de Bonaparte ressemblaient plus « à l'image de bandits enrichis », après Arcole et Rivoli, qu'à celle de soldats que la dureté de la campagne et les misères du métier auraient malmenés. Il est vrai qu'ils n'avaient pas été toujours dans une aussi opulente situation. « L'armée d'Italie, dit un mémoire secret du temps, a toujours été en butte à des besoins de toute espèce ; jamais elle n'a été suffisamment pourvue ni en munitions, ni en approvisionnements; une mutinerie habituelle s'y maintient et menace journellement d'éclater ». Aussi lorsque Bonaparte lui abandonna les riches plaines de la Lombardie, sa rapacité ne connut pas de bornes.

Elle céda à ses instincts de mutinerie à l'arrivée des divisions de Delmas et de Bernadotte. Elle accusait formellement ses camarades rhénans de venir partager une gloire et une solde qu'ils n'avaient pas gagnées (2).

A tout propos ces sentiments éclataient avec la plus grande véhémence. Les altercations se multipliaient et prenaient un caractère inquiétant. Des duels s'ensuivaient. De cette prédis-

---

(1) *Les campagnes de la première République.*
(2) *Mémoires* de Miot de Melito, Thiébaut, Masséna.

position d'esprit devait bientôt naître une hostilité déclarée, entre les soldats français, pendant toute la durée de la campagne qui allait s'ouvrir.

Bernadotte songea à tirer parti de cette rivalité en stimulant le zèle de ses troupes. Au passage du Tagliamento, il leur adressa une proclamation bien sentie : « Soldats de l'armée de Sambre et Meuse, l'armée d'Italie vous regarde ! » Quant à Delmas, sa fierté habituelle ne s'accommodait guère d'une situation semblable. Tout en essayant de calmer les justes susceptibilités de ses soldats, il cherchait à exciter leur amour-propre et leur courage.

Le temps et les succès remportés en commun usèrent les rancunes, apaisèrent les courroux et amenèrent une détente entre les rivaux qui finirent par se réconcilier. Il ne fallut pas moins de deux ans pour arriver à ce résultat (1).

Avec les renforts que Bernadotte et Delmas lui apportaient, Bonaparte disposait d'une très belle armée de 75000 hommes, pleine d'entrain et grisée de victoires. Il résolut de frapper un grand coup et de marcher tout droit sur Vienne. Le Tyrol appartenait encore à l'Autriche : c'était comme un coin, dit M. Gaffarel, qui pénétrait profondément en Italie et menaçait notre flanc gauche. Bonaparte chargea Joubert, avec 20000 hommes environ, de pénétrer dans le massif tyrolien et de refouler les généraux ennemis, Laudon et Kerpen au-delà du Brenner, puis de rejoindre le gros de l'armée par la route qui conduit en Carinthie.

Delmas, par décision du 21 ventôse an V (10 mars 1797) fut nommé au commandement de la division de l'Adige, du Pô, l'Oglio et Mantouan, puis attaché au corps de Joubert qui allait envahir le Tyrol.

Le 19 mars, ce corps se trouvait dans le Trentin. Il n'était pas facile d'opérer en ce pays à cause du tempérament belliqueux des habitants et des défenses naturelles que les montagnes opposaient aux conquérants. Pendant que Joubert devait

---

(1) *Etudes sur la campagne de 1799* (*Revue d'histoire*, publiée par le ministère de la Guerre).

forcer le passage du Lavis et attaquer Kerpen sur les hauteurs du Cembra, Delmas et Barraguay d'Illiers devaient s'avancer sur la grande route de Botzano.

Le 20 mars, l'action s'engagea près de Sevignano; les Autrichiens y furent battus. Joubert continua sa marche en avant pendant que ses deux lieutenants, Delmas et Barraguay d'Illiers continuaient par la Chaussée de Trente leur pointe sur Botzano. Le 22, les trois divisions livraient la bataille de Neumark où Delmas se distingua tout particulièrement. Les deux chefs autrichiens s'étant réunis, Joubert les attaqua à Klaussen. Delmas se chargea du corps que commandait Kerpen et lui infligea une défaite complète. L'ennemi fut refoulé jusqu'au col de Brenner qu'il franchit dans le plus grand désordre (1).

Joubert, après avoir ainsi déblayé le Tyrol, avait conduit ses troupes à Brixen et prit la chaussée qui mène en Carinthie, afin d'opérer sa jonction avec Bonaparte.

Pendant toute la durée de la campagne, dans le Tyrol, les soldats de Delmas, sous son impulsion, se conduisirent avec autant d'intrépidité que de discipline. Aussi peut-on s'étonner de l'attitude que prête un historien de Masséna aux soldats venus du Rhin et qui les représente pillant les paysans, répandant la terreur dans quelques hameaux, ou se livrant à des excès dans les villes. « Pour boire, ils vendaient leurs munitions et même leurs vêtements (2). » Ce sont là, sans doute, des faits isolés, car ceux qui servaient sous Delmas eurent à un très haut degré le sentiment de l'honneur et de la dignité militaires.

En traversant les montagnes du Tyrol, Delmas sut communiquer aux troupes de sa division les sentiments d'humanité dont il était animé envers les populations au milieu desquelles celles-là passaient en conquérantes. Ainsi, il sut faire supporter, sans trop de vexations, une domination qui, par d'autres

---

(1) *Victoires et conquêtes*, Thiers, Paul Gaffarel, *op. cit.*
(2) Edouard Gachot, *Histoire militaire de Masséna* (*La première campagne d'Italie*).

procédés, aurait pu compromettre gravement la situation des français dans les pays occupés.

Après une marche rapide et d'heureuses opérations, Bonaparte arriva à Léoben le 7 avril, où vinrent le rejoindre Joubert, Delmas, Baraguay d'Illiers, puis Masséna.

On était à quelques lieues seulement de Vienne. « Des hauteurs du Sommering, qui dominent cette petite localité, et qui furent aussitôt occupées par l'avant-garde de Masséna, on apercevait les clochers de la capitale. Les soldats battaient des mains : ils savaient que leur triomphe était désormais assuré, nous apprend M. Paul Gaffarel. L'Autriche demanda à traiter.

L'immense joie que nos troupes éprouvèrent en arrivant sous les murs de Vienne fut troublée par les graves dissentiments qui, depuis la venue de Delmas et de Bernadotte éclataient entre les soldats de l'armée du Rhin et ceux de l'armée d'Italie. On en vint aux mains. De violentes rixes éclatèrent, chacun s'attribuant les mérites de la victoire. Le sang coula. Bernadotte accusa formellement Bonaparte d'avoir essayé la guerre civile à son armée pour se divertir. Les préliminaires de la paix, ramenèrent le calme dans les esprits.

Après avoir occupé Spital, Rastadt et Lienz dans le Tyrol, Delmas fut appelé au gouvernement de la ville de Bellune. Il se montra dans ces nouvelles fonctions aussi sage et habile administrateur qu'il s'était signalé valeureux capitaine pendant la campagne du Tyrol que Carnot avait qualifié de campagne de géants.

A son départ de Bellune, la ville lui vota une adresse de remerciements pour l'ordre et la sécurité qu'il avait su maintenir dans le pays et pour rendre témoignage de sa justice et de son intégrité (1).

Voici d'ailleurs le texte de ce document qui nous a été communiqué par un petit-fils du général :

LIBERTÉ — ÉGALITÉ

Au nom du peuple Bellunois
La Municipalité

« Les soins que le citoyen général Delmas, commandant la

---

(1) L. Vacher, *Etude sur le général Delmas.*

7e division de l'armée française placée dans cette province, s'est toujours donné pour maintenir la plus exacte discipline dans sa troupe, pour protéger la tranquilité publique, pour entretenir l'ordre et la sûreté des citoyens exigant les plus sensibles témoignages de notre reconnaissance,

« La Municipalité arrête,

« Que le citoyen Claude Doglioni, officier municipal, soit chargé de présenter au ci-dessus loué général dans les formes les plus énergiques au nom du peuple Bellunois les sentiments de respect, de dévouement et de reconnaissance que par universelle acclamation l'on doit à son caractère, à son intégrité et à la justice.

« Belluno ce jour 8 nivose an 6e Repub.

« F. Frigimelica,
Président

J.-B. Trois,
Secrétaire. »

Après avoir pris un congé de quatre décades, Delmas revint en Italie. Dans les derniers mois de l'année 1798, il commandait la place de Mantoue dont trois demi-brigades formaient la faible garnison. A ce moment, un très grand désordre régnait dans toutes les administrations italiennes. Nos armées en supportaient les contre-coups. On accusait les commandants de place d'exercer les exactions les plus intolérables et les généraux de faire des profits scandaleux. En dépit de toutes ces malversations nos troupes étaient mal payées et les soldes arriérées de plusieurs mois.

A différentes reprises les soladts avaient réclamé avec énergie, puis avaient fait entendre des propos violents et même des menaces (1). En février 1799, des soldats appartenant aux divisions de Delmas et de Barraguay d'Illiers se révoltèrent à Mantoue. Le mouvement s'étendit même jusqu'à Ferrare. Ils exigeaient le règlement immédiat de leurs soldes et, en cas de refus, menaçaient de rentrer en France. Grâce aux mesures prescrites par Delmas et à l'imposition extraordinaire destinée

(1) Thiers, *Histoire de la Révolution française.*

au paiement des troupes dont Barraguay d'Illiers frappa les habitants de Mantoue, les mutineries cessèrent.

D'ailleurs, nos armées n'allaient pas tarder à se mesurer de nouveau avec les Autrichiens.

Le 12 pluviose an VII, Joubert partit en congé et laissa, par intérim, au général Delmas le commandement en chef des troupes d'Italie. Ce dernier resta en fonction jusqu'au 6 mars suivant. Schérer le remplaça par décision du Directoire.

Après l'assassinat des plénipotentiaires de Rastadt, qui eut en France un si douloureux retentissement, la guerre recommença contre les puissances étrangères.

Masséna fut chargé d'opérer en Helvétie, Jourdan dans la vallée du Danube, Bernadotte sur le Rhin, Brune en Hollande et Schérer en Italie. Ce dernier avait beaucoup de réputation, mais il était infirme et peu propre à l'activité qu'exigeait le haut commandement qui lui avait été confié. De plus, il vivait en mauvaise intelligence avec la plupart des généraux qui devaient le seconder à cause des rigueurs qu'il avait apportées dans la répression de la licence militaire, assure Thiers dans son *Histoire de la Révolution française*. Il eut pour principaux lieutenants Moreau, Delmas, Serrurier, Grenier, Victor, Montrichard, etc.

Schérer trouva en face de lui Kray, puis Souvarow.

Delmas commandait la division d'avant garde, comme presque toujours. Il avait sous ses ordres, Dalesme, un Limousin de Limoges, et Beaumont, comme généraux de brigade, Granjean, Gastine et Dugommier, comme adjudants généraux. Le chiffre de ses troupes s'élevait à 9908 hommes (1).

Quand s'ouvrirent les hostilités, Delmas était à Castelnovo avec sa division (4 germinal an VII). Le plan de Schérer était de surprendre, de forcer sur un ou deux points le passage de l'Adige et de prendre ou détruire le corps ennemi placé dans le Véronais et en deça de l'Adige et de s'emparer de Mantoue. Delmas, pour assurer l'exécution de ces desseins, devait partir la nuit et se porter rapidement sur Osteria, Piovezano et Gam-

(1) Etat fourni par Schérer au Directoire. (Archives de la guerre.)

para, en chargeant à l'arme blanche, sans hésiter, tout ce qui pourrait lui faire obstacle. Après avoir assuré le passage de l'Adige, avec le concours des divisions de Grenier et de Serrurier, Delmas devait réunir ses troupes à celles de Grenier et marcher sur Vérone (1).

Les troupes se mirent en marche sous un vent des plus vifs et une pluie battante, à trois heures du matin. « Aussitôt un régiment pivotait, s'orientait vers la gauche, attendait qu'on signalât l'offensive de Serrurier (chargé d'occuper Rivoli), afin de le soutenir ou de le recueillir au besoin. A la droite de cette unité, des tirailleurs s'échelonnaient dans la plaine et couvraient la marche de trois gros groupes. L'intrépide Delmas s'avançait devant le centre après avoir fait atteler une batterie de position que dirigeait le chef de bataillon Painbourg. On réservait la route de Pastrengo aux canons.

« Un bataillon de grenadiers qui s'était déployé en marchant, arrivait à l'aube devant les postes avancés que Gottesheim (un chef ennemi) avait établi dans trois maisons entourées d'arbres. Ces postes dormaient. Les coups de feu de leurs sentinelles ne blessèrent personne, mais les réveillaient en sursaut. Effrayés, ils fuyaient dans une tenue sommaire. Grandjean pouvait atteindre leur soutien, une grand'garde dans un chemin creux et le rejeter sur le camp retranché où deux redoutes étaient alors terminées.

» Sans avoir éprouvé de pertes, Delmas est arrivé devant les deux mamelons. Sur les pentes crépite un feu violent qui devient très meurtrier.

» On voit que les côteaux longeant le cours de l'Adige sont garnis d'ennemis ; et, sans doute, les réserves vont s'accumuler là. Sur des masses d'hommes immobiles et sur de l'artillerie mal abritée, Painbourg fait diriger le tir de ses pièces. Les canonniers ennemis lui répondent coup pour coup. Chargé d'opérer sur la droite, le général Dalesme arrive en vue de Palazzolo, aborde les hauteurs dominant ce village, collines que les régiments Jordis et Jellachich qui vont être

(1) Archives de la guerre.

renforcés par trois bataillons sortis de Vérone, veulent conserver. Le courage qui anime la troupe républicaine s'émousse puis se brise contre des obstacles naturels, vaillamment défendus. Il faut faire soutenir les assaillants par le centre de la division Delmas, troupe de jeunes soldats, bientôt effrayés devant le nombre des morts et aux cris des blessés. La frayeur cause une panique.

» Cet échec porte Gottesheim à croire qu'il est vainqueur. Il dirige une colonne tournante contre la gauche des français. Delmas a vu dans quelle position critique il va se trouver. Sans être effrayé, il envoie l'adjudant Grandjean soutenir Dalesme, l'héroïque Dalesme qui, après avoir rallié les conscrits et repris sa marche, un moment arrêtée, fut percé de deux balles.

» Delmas accourt, le remplace, dirige la charge, reçoit aussi une grave blessure à la jambe. Restant à cheval, il conduit sa troupe, mise au pas de course, dans le camp autrichien ; il en est chassé par les réserves de l'ennemi, après une horrible tuerie. Contraint de s'abriter derrière un bois d'ormes, Delmas appelle sa réserve, et, en obliquant à droite, la porte contre Jellachich qui est forcé, sous une vive fusillade, d'évacuer ses postes de combat où le terrain est arrosé de sang et couvert de morts. Il est midi. La division Grenier surgit à droite, sort des vignes et décime les fuyards (1). »

....

» Gottesheim qui avait mis en ligne le matin 10800 hommes, abandonnait aux français son artillerie et un grand nombre de blessés; il chargeait d'Elsnitz, son premier lieutenant, d'arrêter Delmas et Grenier, généraux s'obstinant à couper la ligne ennemie pour achever leur victoire et empêcher la destruction des ponts. D'Elsnitz se montrait alors aussi habile manœuvrier que vaillant soldat; ses compagnies marchant comme soudées au pas ordinaire, il ne se laissait ni déborder, ni entamer; l'Adige passé, il coulait le pont jeté à Polo di

(1) Edouard Gachot : *Souvarow en Italie*. Paris 1903.

Sobra. La division Delmas, hors d'haleine s'arrêtait sur la rive droite du fleuve, où elle restait exposée aux coups de l'ennemi, prudemment abrité derrière les berges (1). »

Et tandis qu'à droite, Grenier chassait tout ce qui lui résistait, Moreau au centre, s'avançait jusque sous les murs de Vérone, et Serrurier, à droite, appuyait le mouvement du passage de l'Adige.

Cette journée fut des plus meurtrières ; mais la bataille fut gagnée. Cet avantage revenait en grande partie, à la belle conduite de Delmas et de ses troupes qu'appuyèrent Grenier et ses brigades.

Pendant l'action Delmas avait été fort maltraité par le feu de l'ennemi, ainsi que nous l'avons vu. Il avait perdu, avec Grenier plus d'un millier d'hommes.

Delmas lui-même avait été grièvement blessé. En dépit de son état, il entendit rester à la tête de sa division et continuer la poursuite de l'ennemi.

Après trois jours d'hésitations, Schérer se décida à prendre un parti. Tous ses divisionnaires, Delmas en tête, s'indignaient du temps précieux qu'il perdait. Son indécision pouvait compromettre à tout jamais le sort de nos armes. Le 29 mars, il réunit un Conseil de guerre et lui indiqua son projet de prendre l'offensive en portant le gros de l'armée entre Vérone et Legnano pour y tenter le passage de l'Adige. De son côté Kray prenait des dispositions en conséquence. Mais Schérer s'attarda encore à des mouvements inutiles. Enfin, le 5 avril 1799 (16 germinal), les Autrichiens et les Français prirent contact et se livrèrent bataille aux environs de Magnano.

Dans la nuit du 3 au 4 avril, Delmas reçut l'ordre de rejoindre le gros de l'armée à marches forcées. Il partit de Sanguinetto pour remonter vers le nord et éprouva les plus grandes difficultés le long de la route. Il faisait un temps abominable : le vent soufflait avec violence ; la pluie tombait continuel-

(1) Edouard Gachot, *Souvarow en Italie.*

lement; les chemins étaient détrempés et impraticables. Fort mal renseigné par les gens du pays et faute de cartes, Delmas s'égara dans la plaine du Mantouan alors coupée de haies déjà vertes et de chemins aboutissant à des marécages. Il marcha quinze heures dans des conditions aussi déplorables et n'arriva sur le terrain, où l'action était engagée malgré toute diligence, que le 5 vers midi.

Les instructions de Schérer portaient que Delmas devait remplacer la division Montrichard à Buttapietra pour se porter ensuite sur Dossobuono afin d'y soutenir Moreau, ou bien Victor et Grenier, suivant le cas. Le retard qu'il éprouva par suite du mauvais temps et des détours qu'il fut obligé de faire, ne permit à Delmas d'arriver à Buttapietra qu'après l'attaque des Autrichiens alors qu'il aurait dû la prévenir ou la contenir (1).

Dès six heures du matin, le 5, Hatry avait ouvert le feu de son artillerie contre les positions ennemies. A peine Delmas arrivait-il à Buttapietra, que les Autrichiens prenaient contact avec ses troupes.

Le temps de faire halte, de manger un peu de biscuit, de rajuster leur équipement, de recharger leurs fusils trempés par la pluie, et les soldats de Delmas abordaient la division ennemie de Kaim.

« Les premiers bataillons de la division Delmas, dit Schérer en son *Précis* des opérations, arrivés sur leur terrain étaient cependant attaqués vigoureusement de front, et débordés par leur flanc droit; les forces supérieures que cette division avait devant elle l'empêchent de déboucher en avant de la position; mais quoi qu'elle ne pût réunir la totalité des corps qui la composaient, que vers les deux heures de l'après-midi, elle manœuvra toujours avec tant de courage et de sang-froid, qu'elle repoussa toutes les attaques de l'ennemi; plusieurs

(1) *Victoires et Conquêtes.* — Edouard Gachot, *Souvarow en Italie.* — Général Schérer, *Précis des opérations militaires de l'armée d'Italie depuis le 21 ventôse jusqu'au 7 floréal an VII,* Paris 1799, Dentu.

charges vigoureuses qu'elle fit sur son front, lui valurent plus de 1200 prisonniers et cinq pièces de canon. »

A Saint-Giovanni, les troupes de Victor et de Grenier essuyaient le feu de Lattermann. La position ayant été enlevée par celui-ci, Victor et Grenier faisaient sonner la retraite à leurs régiments harassés que d'Elnitz suivait de près. Alors Lattermann se tourna vers Delmas qui, à ce moment, infligeait une déroute complète aux soldats autrichiens de Kaim.

Il était cinq heures du soir. Malgré le feu mourtrier de l'ennemi, la division de Delmas, dans laquelle, dès le début de l'action, Schérer en personne avait pris place, reçut avec intrépidité le choc des nouveaux arrivants. Kray, Chasteler et Lattermann attaquèrent Delmas dont la blessure reçue à Pastringo s'était rouverte le matin même, dans une chute de cheval, avec la plus grande vigueur. « Devant tant d'ennemis, dit M. Edouard Gachot, brûlé de fièvre, chancelant, Delmas, se faisant soutenir sur sa selle exhorte ses soldats à vaincre ou à mourir. Son héroïsme servit d'exemple. Où il parut, les lignes tinrent longtemps sans rompre, et, par sa seule présence, il retarda, de ce côté, l'heure de la défaite.

« Schérer le seconda. Comme un simple lieutenant, il resta deux heures sous le feu des canons ennemis. Autour de lui tombaient les officiers de l'état-major et les cavaliers de l'escorte. Une batterie établie devant Lattermann fit reculer la brigade autrichienne ; mais toute bravoure, tous sacrifices en hommes étaient inutiles, devant un si grand nombre d'ennemis bien entraînés.

» Ni Victor ni Moreau ne pouvaient se porter au secours de Delmas. La nuit tombait. Schérer était forcé d'ordonner la retraite qu'on fit en bon ordre, car l'ennemi était las de frapper sur nous. Il fallait abandonner Buttapietra aux soldats de la division Kaim. Sous une pluie torrentielle, Schérer et Delmas rentraient au quartier général d'Isola della Scala.

» Cette action dont l'histoire a fait la bataille de Magnano ou de Vérone, ajoute M. Edouard Gachot, ne compta point chez les Autrichiens, comme une victoire décisive. Ce jour-là, Moreau avait, en montrant une rare ténacité, sauvé l'armée d'un désastre plus grand dont Victor et Hatry auraient porté la responsabilité, car, s'ils avaient maintenu, dans leurs régiments, une ferme discipline, après un premier succès, ils eussent évité certainement la panique qui s'empara des troupes lorsque survinrent les réserves autrichiennes. Sérrurier avait fait son devoir. Delmas s'était couvert de gloire. Schérer, représenté par les soldats comme timide et prudent avait affronté la mort (1). »

Au plus fort de la retraite sur Peschiéra, Victor qui, autrefois avait été tambour, ne cessait de se plaindre et d'accuser Delmas dont le retard, à son dire, avait déterminé la défaite, de tous ses malheurs. Ses propos furent rapportés à notre compatriote qui les releva proprement avec la brutale et spirituelle franchise qui le caractérisait : « Il y aura donc toujours du tambour dans cet homme qui ne fait du bruit que quand on le bat ? s'écria Delmas (2). »

Les pertes de la journée de Magnano furent énormes, tant du côté français que du côté autrichien. Delmas, épuisé de fatigue, blessé, dut abandonner ses troupes, et se faire soigner. Un long repos, après une si dure campagne lui était indispensable pour rétablir ses forces. Il rentra en France.

Le *Moniteur* du 19 thermidor an VII, annonçait, en effet, son retour, et faisait prévoir qu'il allait bientôt prendre le commandement de la 17e division qui comprenait le gouvernement militaire de Paris. Le désir qu'il avait de reprendre la vie des camps lui fit répondre négativement à l'offre que lui faisait le Directoire. Mais, quelques jours plus tard, le 25 thermidor, le ministre de la Guerre, qui n'était autre que Bernadotte, informait Delmas qu'une armure complète lui était décernée en récompense des nombreux et distingués services qu'il avait rendus à la patrie.

« Voici, mon cher général, écrivait Bernadotte, l'armure complète que le Directoire exécutif vous a décernée par son

---

(1) *Souvarow en Italie* (chap. IV).
(2) Général Thiébault, *Mémoires*.

arrêté du 17 thermidor présent mois. Organe en ce moment auprès de vous de la reconnaissance nationale, je trouve une jouissance pure à remplir ce ministère.

» L'armure que je vous envoie est le prix des services distingués que vos talents militaires ont rendus à la République. C'est la veille de votre retour à l'armée d'Italie qu'elle vous a été décernée. L'usage que vous avez déjà fait de vos armes, dispense sans doute d'indiquer la destination que vous donnerez à celles-ci. Que dans vos mains elles deviennent le signe de ralliement des phalanges républicaines et celui de mort aux Russes !

» Salut et amitié ! (1) »

Delmas reçut l'ordre, sur sa demande, de rejoindre l'armée d'Italie. Mais la perte de ce pays sous Joubert, et les brillantes victoires de Masséna, ne favorisèrent point le désir qu'il avait formé de combattre Souvarow.

---

(1) *Journal des Défenseurs de la Patrie*, n° 267.

CHAPITRE VIII

Delmas et le Directoire. — L'ambition de Bonaparte. — Campagne de Moreau en Bohême (1800.) — Expédition de Brune en Italie (1800-01). — Révolte de Turin (1801.) — Retour de Delmas en France.

Les élections partielles de l'an V avaient favorisé les royalistes. Groupés autour de Pichegru, ils ne parlaient rien moins que de tenter un coup de force pour renverser le gouvernement. Les armées s'émurent de tant d'audaces. Elles adressèrent des proclamations au Directoire l'assurant de tout leur dévouement à la République. L'armée d'Italie, sous l'impulsion de Bonaparte qui détestait Pichegru et craignait les agissements des contre-révolutionnaires, se distingua tout particulièrement dans l'envoi des adresses.

Delmas, dont nous connaissons l'ardent jacobinisme, ne pouvait rester en arrière du mouvement qui portait les armées à manifester en faveur du gouvernement. Il fit voter par sa division l'adresse suivante :

« De toutes parts on nous annonce que les ennemis de la chose publique se sont enfin réunis pour porter le dernier coup au gouvernement républicain, et qu'ils poussent leurs prétentions jusqu'à vouloir attenter à nos libertés. Simplement militaires, nous ne connaissons de style que celui de la franchise, et persuadés que des républicains vertueux qui parlent à des hommes partageant leurs sentiments, sont toujours assez éloquents, nous nous bornons à vous rappeler que nous avons juré la Constitution républicaine de l'an III et que nous avons juré de défendre la liberté de notre pays.

» Nous ne serons pas parjures : si les conspirateurs prennent notre patience à endurer les maux qui déchirent notre patrie pour de la faiblesse, qu'ils tremblent d'avance de leur erreur ! (1). »

Le Directoire se trouvait fort flatté de toutes ces marques de confiance, mais il se défiait quelque peu de la turbulence de certains généraux et de leurs soldats. Il craignait que, dans leur ardeur de défendre la République, ils ne dépassent le but. Aussi prenait-il les mesures les plus prudentes en vue de circonvenir le zèle des chefs militaires, qu'à tort ou à raison, on lui présentait comme dévorés d'ambition et pouvant mettre en danger l'existence même du pouvoir civil.

Les entreprises du club de Clichy déterminèrent le Directoire à tourner contre les royalistes et les modérés, à l'aide de l'armée, le coup de force que les ennemis de la République préparaient contre lui.

Mais au lendemain du 18 fructidor, les préventions contre l'armée qui remontaient en principe jusqu'en l'an IV, s'emparaient encore une fois de l'esprit des Directeurs.

Reubell, autrefois, avait dit ses craintes tout haut et avait chargé son confident intime Barbet de rechercher, par la création d'un Bureau politique, les intentions des généraux, qui, tous, étaient suspectés, — Bonaparte et Jourdan plus que les autres.

Delmas n'avait pas échappé, malgré son ferme républicanisme, aux soupçons de la police. Une note émanant du Bureau politique dit de lui : « Ce général est très estimé et mérite de l'être. Mais il paie son tribut à la causticité militaire contre l'autorité civile. Il avait pris sur lui de changer quelque chose aux ordres qu'il avait reçus du Gouvernement pour une certaine opération : « Je prends une chose bien hardie, dit-il à un agent civil qui me l'a rapportée. Mais sans doute le Directoire qui est *militaire* ne me blâmera pas (2). »

---

(1) *Réimpression de l'Ancien Moniteur*, n° 326.
(2) H. Mathiez : *Le Bureau politique du Directoire*, (*Revue historique*, 1903).

En somme le propos était des plus anodins et ne méritait pas qu'on s'y attachât davantage. D'ailleurs, Delmas était un de ces généraux qui ne séparaient pas le devoir civique du devoir militaire. Il respectait fort, en son âme et conscience de général républicain, pénétré jusqu'à la moëlle des os des principes de la Révolution, le pouvoir issu de la consultation populaire et nationale. Sans doute, son patriotisme souffrait de l'état d'anarchie dans lequel les fautes du Directoire avaient précipité la France au début de l'an VIII. Mais il n'aurait pas supporté qu'un pouvoir qui ne fût pas républicain et révolutionnaire se substituât par la force au Directoire, si impopulaire que fut celui-ci à ce moment de notre histoire.

Précisément, en ces derniers mois de 1799, Bonaparte venait de débarquer en France, arrivant d'Egypte, appelé par son frère Lucien et par Sieyès qui préparaient un coup de force contre le gouvernement. Ils entendaient en faire bénéficier le vainqueur des Pyramides, puisque Joubert, que les mécontents destinaient au rôle de dictateur, avait péri en Italie. Tous les grands chefs de notre armée, depuis Bernadotte et Moreau jusqu'à Jourdan et Masséna, estimaient que la situation ne pouvait pas durer davantage et que c'était vraiment sauver le pays que de le priver désormais du « gouvernement des avocats ». Mais tous, à part peut-être Bonaparte, entendaient garder la République, sous une forme impersonnelle, et tous les bénéfices que les citoyens retiraient de la Révolution.

Bonaparte savait que l'armée, « instrument de sa grandeur future, garantie de son pouvoir par laquelle il arriverait et se soutiendrait plus tard », ferait obstacle, au moins en grande partie, à la réalisation de ses desseins. « Il connaissait, pour les avoir éprouvés à ses débuts, et pour les éprouver plus que jamais en cette crise de la vie, les conflits d'ambition et les rivalités des généraux. Il n'était pas le seul à destiner à un chef d'armée la première place dans la République; mais la plupart des généraux se jugeaient hors d'état de la briguer par eux-mêmes : ils voulaient qu'au moins aucun de leurs compagnons d'armes ne l'occupât. Ils préféraient obéir au pouvoir civil, soit en le redoutant, comme au temps des Comités, soit en le méprisant comme ils faisaient sous le Directoire (1). »

Cependant un certain nombre d'officiers généraux s'étaient groupés autour du Directoire dans le but de le défendre. Ils obéissaient à l'inspiration du général Antoine Marbot (2), tout d'abord, puis à celle de Bernadotte qui avait quitté le ministère de la Guerre. Les réunions se tenaient même chez ce dernier.

Sieyès s'alarmait de ces conciliabules et parlait de les faire dissoudre par la force. Un jour, il dit à Lucien Bonaparte : « Nous n'avons donc pas une épée pour nous ? Ah ! que votre frère est-il ici ? (3). »

La promptitude avec laquelle Bonaparte et ses amis avaient jugé de la situation, déterminèrent les généraux à prendre parti. Moreau — qui avait dit à Sieyès en parlant de Bonaparte : « Voilà votre homme » — appuya le coup de force.

C'est dans ces conditions que les journées des 18 et 19 brumaire 1799 se firent contre le Directoire et les Conseils. Les grenadiers qui, le soir du 19 brumaire, revenant de Saint-Cloud, à travers le bois de Boulogne, pour regagner leurs casernements dans Paris, chantant la *Marseillaise*, étaient parfaitement convaincus que l'armée, encore une fois, venait de sauver la République. Ce n'est que plus tard qu'on s'aperçut que le coup d'Etat avait été fait par Bonaparte à son profit personnel. De là, l'opposition violente que l'armée fit au Premier Consul en 1802.

Aucun des documents que nous avons compulsés ne nous a révélé l'état d'esprit du général Delmas à la veille même et au lendemain du dix-huit brumaire. Ses principes lui faisaient condamner l'entreprise de Bonaparte ; mais l'impopularité du Directoire, d'une part, et la présence de Moreau dans le complot, de l'autre, — Moreau en le civisme duquel il avait pleine confiance — durent le ranger dans la catégorie des généraux

---

(1) Albert Sorel : *L'Europe et la Révolution française*, Tome V. — Cf. Albert Vandal : *L'avènement de Bonaparte*.
(2) Né à Altillac (Corrèze).
(3) Th. Jung : *Bonaparte et son temps*. Tome I. Paris 1882.

qui, tout en trouvant légitime et inévitable le coup d'Etat, ne crurent pas tout d'abord à la main-mise absolue de Bonaparte sur le gouvernement de la nation. Aussi, quel déchaînement de colères et de haines lorsqu'ils s'aperçurent, — Moreau, Delmas et les autres — que le Corse les avait joués !

La situation de la France à l'extérieur ne leur laissa pas le temps de s'occuper davantage de ce qui se passait à l'intérieur. Pendant que Masséna, puis Bonaparte, tentaient de reprendre l'Italie à la coalition, Moreau, placé à la tête de l'armée du Rhin, entrait aussitôt en campagne et reprenait une vigoureuse offensive en Allemagne.

L'armée qui allait opérer sous ses ordres était la plus belle, la plus héroïque, que la République eût mis sur pied. Elle comptait jusqu'à 150 000 hommes ; Delmas, Lecourbe, Richepanse, Ney, Gouvion Saint-Cyr, Dessoles en commandaient les principales divisions.

Delmas avait été mis au centre avec sa division qui était composée des plus redoutables demi-brigades de l'armée : la 14e, la 38e, la 57e dite *la Terrible*, la 46e, où servait La Tour d'Auvergne, le « Premier Grenadier de France ».

Le 25 avril, Delmas passe le Rhin ; le 27, il se porte, avec Leclerc sur Sœckingen ; le 29, il se présente sur les bords de la rivière d'Alb pour en forcer le passage.

Les autrichiens, retranchés à Waldshut, auprès des forges d'Alb-Bruck, voulurent s'opposer à ce mouvement, mais ils furent repoussés avec tant d'impétuosité qu'ils n'eurent pas même le temps de rompre leur pont. On prit à l'ennemi deux canons et on lui fit des prisonniers.

Au village de Wolterdingen, sur la route de Mulhouse à Engen, une avant-garde de Kray fut rencontrée par Delmas. L'ennemi se rallia en arrière sur un plateau favorable aux manœuvres de son artillerie et aux évolutions de ses escadrons ; il attendit de pied ferme une nouvelle attaque. Dans le bois de Welschingen avait été placée l'infanterie autrichienne. Moreau lança contre elle Delmas et Bastoul. Le combat, mené vivement, resta cependant un moment indécis. « C'est en ce moment, rapporte le général Dessoles, que le général Delmas fait emporter un bois défendu par huit bataillons autrichiens.

Deux bataillons de la 46e l'attaquent de front, marchant au pas de charge et sans tirer un coup de fusil. Cette attaque vigoureuse eut le plus grand succès. L'ennemi, décontenancé, eut à peine le temps de faire une décharge générale, que la 46e était sur lui. » Les autrichiens qui espéraient tourner Richepanse, étaient mis en déroute par la belle attitude de Delmas qui ne fit que se battre, dans cette journée d'Engen, à l'arme blanche (12 floréal, 2 mai).

Les 13 et 14 floréal (4 et 5 mai), se livrait la bataille de Mœskirch. La division Lorges attaquait la porte de Hendorf que l'ennemi défendait avec une énergie sans pareille. Prise et reprise, cette position était restée en fin de compte à l'ennemi qui menaçait alors d'envelopper les nôtres, lorsque Delmas survint. Il se place à la tête la 57e demi-brigade, essuie le feu de seize pièces d'artillerie qui tirent à mitraille et se surpasse lui-même par ses dispositions et son courage. Son flanc gauche est débordé, mais Bastoul arrive et le dégage. Kray veut à tout prix rompre la ligne des français qui lui résistent avec opiniâtreté. Il attire à lui les réserves, se met à leur tête et charge avec une telle ardeur qu'il ébranle les divisions de Delmas et de Bastoul, mais sans arriver pourtant à les rompre. En dépit de cette résistance, les lignes pliaient sous l'effort redoublé des autrichiens, quand Richepanse arriva qui fit reculer Kray et assura la victoire. La nuit mit fin au combat (1).

Moreau, après l'action, parcourant le champ de bataille, félicitait Delmas et ses héroïques troupes de leur intrépidité. A la 57e, il dit : « Si votre conduite en Italie ne vous avait pas dès longtemps mérité le nom de *La Terrible*, les autrichiens vous l'auraient donné à la bataille de Mœskirch. »

Le 19 floréal (9 mai), à Biberach, Delmas contint l'aile gauche des ennemis en arrière d'Ummendorf, pendant que Gouvion Saint-Cyr les attaquait vivement au centre.

Quelques jours plus tard, le 8 messidor, à Oberhausen, la division Delmas se couvrit de gloire. « Jamais on ne vit un

(1) *Victoires et Conquêtes.*

combat plus acharné : les colonnes de la 46e et de la 14e marchèrent sans tirer un coup de fusil, malgré huit pièces de canon qui vomissaient la mitraille. Chargées par la cavalerie, elles continuèrent à se battre avec rage et sans s'ébranler un instant. C'était une mêlée horrible ; on n'entendait plus un coup de feu, mais seulement le cliquetis des armes et les cris des combattants. On se battit ainsi jusqu'à onze heures du soir et l'on resta maître de Neubourg (1). » C'est à ce combat que périt, dans une charge, La Tour d'Auvergne. Delmas lui fit rendre les suprêmes honneurs.

L'heureuse issue de toutes ces rencontres permit à Moreau de s'étendre en pays ennemi et de resserrer les autrichiens dans le camp retranché d'Ulm. A ce moment, Delmas faisait partie du 3e corps de réserve. Il resta au-delà de l'Iller, appuyant sa gauche à cette rivière, un peu en avant de Freudenek, et étendant sa droite jusqu'à Marbach.

C'est au cours de la première partie de cette campagne que Delmas s'empara de la carte de la Souabe dressée à l'usage personnel de l'archiduc Charles. « Le soir, à Ochsenhausen, dit le général Hugo, dans ses *Mémoires*, le général Delmas me parla de sa capture, me montra ces belles cartes, et je réussis à me les faire donner moyennant promesse d'une copie pour le général en chef, qui n'en avait pas de bonnes. Le général Delmas me confia aussi l'officier d'état-major autrichien sur qui les cartes avaient été prises et je l'amenai dans ma voiture au quartier général de Biberach. »

Moreau poursuivant ses avantages franchissait le Danube et s'établissait solidement sur la rive gauche de ce fleuve. C'est au milieu de ces opérations que Delmas, en pleine gloire, reçut l'ordre, avec Lecourbe, de quitter l'armée du Rhin et de rejoindre aussitôt l'armée d'Italie qui avait besoin de renforts pour accomplir sa tâche.

Moreau protesta et entendit garder ses deux divisionnaires. L'affaire prenait une tournure à la fois grave et délicate. Afin

(1) Rapport du général Dessoles.

de ménager toutes les susceptibilités, Carnot, lui-même, quitta Paris et fut envoyé par le Premier Consul auprès de Moreau. Ce ne fut pas sans peine qu'il obtint le sacrifice de Delmas et de Lecourbe.

Mais Delmas résistait aux ordres qui lui étaient envoyés et continuait à guerroyer sur le Danube. Le 29 fructidor an VIII (18 septembre 1800), Bonaparte enjoignit à Carnot l'ordre de faire mettre en route pour l'Italie le général Delmas :

« Je vous prie, citoyen ministre, de donner l'ordre au citoyen Delmas de se rendre à l'armée d'Italie, comme lieutenant-général du général en chef Brune. En faisant connaître au général Delmas sa destination, vous lui parlerez de l'estime du gouvernement et de sa confiance aux talents qu'il apprécie, par les services qu'il a déjà rendus.

» BONAPARTE. »

Le premier jour complémentaire de l'an VIII, Carnot envoya l'ordre impératif à Delmas de se mettre à la disposition du général Brune. Cette fois, Delmas, la rage au cœur, obéit (1).

Les opérations en Italie étaient déjà commencées sous la direction de Brune, lorsque Delmas arriva. Il prit le commandement de l'avant-garde (10 frimaire an IO, 1er décembre 1800).

Pendant que Moncey occupait Salo, Delmas établit ses avant-postes sur les hauteurs de Lonato.

Le 30 frimaire, il reçoit l'ordre d'attaquer Ponti et d'observer Peschiera. Un combat se livra à Pozzolengo avec les brigades Mermet, Bisson et Beaumont du corps d'avant-garde qui prit position devant Ponti après avoir fait de nombreux prisonniers. Puis pendant que Moncey enlevait Castellaro et y établissait ses troupes, Delmas dirigeait une colonne sur les derrières de ce village afin de faciliter les desseins de Moncey. L'ennemi fut battu.

Au passage du Mincio, Delmas fut chargé d'attaquer tout

---

(1) Archives de la Guerre. — Léon Vacher, *op. cit.*

d'abord Mozembano (5 nivôse). Il franchit cette rivière avec toutes ses brigades et les forma dans la plaine sur quatre colonnes. Elles marchaient à égale hauteur, conservant leurs intervalles, en bon ordre, et les rangs serrés. Elles eurent bientôt traversé l'espace qui les séparait de la ligne ennemie, sans répondre à ses feux qu'elles essuyaient. Arrivées près des troupes de Hohenzollern, elles s'arrêtèrent et exécutèrent des feux de peloton. Delmas commanda ensuite la charge. Elle fut si impétueuse que les rangs autrichiens furent rompus. Ils se débandèrent ; tout ce qui résistait fut tué ou fait prisonnier.

Continuant sa marche en avant, Delmas se jette entre Salionze et Valeggio qui servaient d'appui à Hohenzollern. Cette hardie manœuvre permit à l'armée française le passage du Mincio; mais elle mit son auteur dans une situation critique. Delmas y fit face avec un admirable sang-froid et en sortit avec honneur, tout en ayant très souffert des coups de l'ennemi. En personne, il conduisit l'attaque de Valeggio où Hohenzollern s'était réfugié. Appuyé par Moncey, puis par Oudinot, au moment où trois brigades de grenadiers hongrois le mettaient en péril, Delmas jette ses troupes, baïonnette en avant et sème le désordre dans les rangs ennemis.

L'ensemble des combats de ces journées des 25 et 26 décembre coûta plus de 12 000 hommes tués, blessés ou prisonniers aux autrichiens, en y comprenant le millier d'hommes que Delmas prit dans les redoutes de Salionze (1). Delmas avait reçu une balle dans un pan de son habit (2).

Brune écrivit au Premier Consul que, dans les combats qui avaient eu pour but d'assurer le passage du Mincio, le général Delmas avait dirigé ses troupes dans un ordre admirable qui présageait et a déterminé les plus brillants succès. « Cette marche difficile fait le plus grand honneur au général Delmas. »

---

(1) *Victoires et Conquêtes : Journal historique des opérations à l'armée d'Italie commandée par le général en chef Brune* (rapport Oudinot), 1801.

(2) Lettre de Brune au Premier Consul. (Lt-colonel Titeux. *Le général Dupont.*)

Le 10 nivôse (1er janvier), Delmas se mit en mesure de passer l'Adige et se portait le 11, sur Pescantina, dont il s'emparait et allait ensuite à Castel-Roto où il prenait position. Pendant que les Impériaux fuyaient, Delmas tombait sur leurs derrières et engageait avec les troupes légères du général de Bussy un combat assez vif. Il passe la rivière, et arrive bientôt le 13, sous les murs de Vérone dont il occupe les hauteurs qui dominent la ville. Il se trouvait aussi à même de tourner l'ennemi et de déterminer sa retraite. Dans la rapidité de sa marche, Delmas avait eu à surmonter les plus grands obstacles. Il avait été dans l'obligation de s'ouvrir un chemin dans les rochers, de traîner et de porter à bras des pièces d'artillerie et des caissons au milieu de la glace et de la neige. Les hommes s'étaient vaillamment comportés dans ces circonstances et avaient fait ces corvées avec un entrain endiablé et un courage soutenu (1).

Delmas continue sa marche en s'emparant des positions fortifiées qui ceinturent Vérone. Le 15, il se trouve en présence de l'ennemi débouchant de Saint-Martin. Des charges opiniâtres dirigées par Delmas ne peuvent en venir à bout. Mais appuyé par d'autres divisions, il attaque avec vigueur Cognola et Saint-Vetor et oblige l'ennemi à reculer avec pertes. A Montebello, Brune charge Delmas de s'emparer des hauteurs de Gambeluro et du versant de Zermeghede. Il gravit avec audace et intrépidité les escarpements des torrents qui descendent du Zermeghede et arrive par Tarossa en arrière de Montebello. L'ennemi débordé par nos troupes abandonne Montebello et coupe le pont sur l'Aldego. Alors Delmas ordonne que cent chevaux passent légèrement sur les côtés et qu'ils se portent avec promptitude à l'autre pont au-delà de la ville, afin de mettre les autrichiens dans l'impossibilité de le couper. L'affaire réussit à merveille (17 nivôse).

Le 18, Delmas traverse Vicence en chassant l'ennemi devant lui sur la route de Bassano ; le 19, il se porte sur Armiola où

(1) *Victoires et Conquêtes.*

la majeure partie de l'ennemi dirige ses efforts. Les autrichiens défendent le terrain pied à pied, encombrent les routes, coupent les ponts, élevant partout des obstacles. Mais rien ne résiste à l'élan des troupes. Delmas force l'ennemi sur la route de Bassano comme un cerf aux abois, marche ensuite sur Citadella et l'oblige à reculer. Tant d'efforts ont épuisé ses forces. Il tombe malade et obligé d'abandonner momentanément le commandement de sa division à Michaud (20 ventôse).

Rétabli quatre jours après, Delmas se rend à Fossolonga où Brune expose aux généraux un plan qui consiste à poursuivre l'ennemi sur la rive droite de la Piave.

Delmas reprend le commandement de l'avant-garde et reçoit l'ordre de s'avancer sur l'Ovadina en passant par Posthume. Il rencontre les autrichiens à Visnadel. Une charge vigoureuse a raison de leur résistance et Delmas entre à Trévise où il apprend qu'une suspension d'armes vient d'être signée entre Brune et Bellegarde (26 nivôse an IX, 16 janvier 1801).

Brune établit ensuite son quartier général à Vérone, ayant Delmas pour chef d'état major. Pendant leur séjour dans cette ville, nos deux généraux se montrèrent particulièrement sympathiques aux populations. En souvenir des services rendus, les dames de l'aristocratie véronaise brodèrent un panneau qui fut offert à Brune et à Delmas. Un remerciement rimé figurait sur le panneau de soie et, au-dessus, se lisait, brodée en lettres majuscules cette inscription :

« Tribut de reconnaissance à l'immortel Brune et à l'aimable Delmas » (1).

Le 9 février 1801, l'Autriche signa avec la France le traité de Lunéville qui assurait la domination française en Italie.

Le 19 germinal suivant, Delmas fut appelé au commandement de la division du Piémont et se rendit à Turin.

Depuis quelque temps, on remarquait dans la garnison de Turin une agitation inquiète qui pouvait faire craindre des

---

(1) Un de ces panneaux est au Musée de l'Armée aux Invalides.

désordres plus graves. Les troupes n'avaient été soldées depuis plusieurs mois et se trouvaient dans un état voisin du plus complet dénuement. « Le général Delmas, informé des sourdes rumeurs qui commençaient à s'élever, s'assura du recouvrement des fonds nécessaires à la solde d'un mois, et l'ordre du jour annonça à la garnison le paiement de cet acompte.

» Malheureusement l'opposition du payeur empêcha l'exécution de cette mesure. Il s'obstinait à trouver insuffisantes les pièces produites, et il résistait aux ordres formels du général. La révolte éclata.

» Un matin, le 23 messidor an IX (12 juillet 1801), deux compagnies de sapeurs qui devaient quitter Turin, refusèrent de partir. Le général Delmas accompagné du général Colli et d'un aide de camp se transporte sur le terrain. Les soldats se serrent et se refusent à le laisser pénétrer jusqu'à leurs officiers qu'ils ont relégués derrière eux. Emporté par son caractère bouillant, le général a le malheur de se servir de sa canne ; aussitôt le désordre est au comble, les baïonnettes s'abaissent et le général Colli allait être percé quand le général Delmas qui avait mis le sabre à la main pour sa défense personnelle, se retourne et désarme le soldat prêt à frapper. Cet acte de vigueur en imposa aux deux compagnies ; elles se mirent en marche et tout semblait terminé ; mais, d'une part la misère, d'autre part l'irritation causée par le mouvement irréfléchi du général Delmas, et plus que tout cela sans doute, les excitations de l'étranger, rallumèrent l'incendie deux heures après le départ des sapeurs.

» Des canonniers se portent en foule à la citadelle. Les hommes de garde, évidemment de connivence avec eux, ne veulent pas lever le pont; le malheureux commandant, réduit à en défendre seul l'accès, tue d'un coup de pistolet un officier qu'il aperçoit parmi les insurgés et tombe lui-même percé de coups. La vue de ces deux cadavres effraie les soldats ; leurs chefs saisissent habilemement ce moment d'hésitation, et l'ordre est encore une fois rétabli en apparence. Ce n'était point le compte de nos ennemis que servait notre discorde. Le payeur s'opiniâtrant toujours à résister aux instances et aux injonctions du général, les meneurs profitèrent de cette imprudence ; la révolte recommença mais avec un caractère beaucoup plus dangereux.

» Entre neuf et dix heures du soir, les soldats quittent leurs quartiers et débouchent par toutes les rues sur la grande place, où était situé l'hôtel habité par le général Delmas. Les propos les plus séditieux circulent de toutes parts, les menaces les plus effrayantes sont proférées par ces hommes égarés qui demandent à grands cris le général et le paiement intégral tant de la solde arriérée que de la solde courante. Le 3e régiment de cuirassiers veut aussi se rendre sur la place. Dans ce moment critique, le colonel Preval se plaçant sur la porte de son quartier, signifie à ses cavaliers que, pour en sortir, il leur faudra passer sur son corps, et ces hommes qui connaissent son caractère ferme et résolu, et qui savent d'ailleurs avec quelle incessante sollicitude il veille à tous les intérêts n'osent lui résister. L'absence de ce régiment d'élite contraria beaucoup les vues des insurgés, d'autant plus qu'elle ôtait à la révolte l'apparence d'unanimité qui l'aurait rendue contagieuse pour le reste de l'armée. Les généraux de brigade Colli, Cassagne et Virion et le général de division Grouchy, qui, dans ce moment, se trouvaient à Turin, avaient inutilement essayé de les faire rentrer dans le devoir ; le général Jourdan lui-même n'en avait rien obtenu. Ce n'était plus de l'argent qu'il leur fallait : des cris de mort étaient proférés contre le général Delmas, et les plus exaspérés avaient envahi sa demeure. A peine entrés, ils revinrent sur leurs pas, hâtons-nous de le dire, et l'intrépide général, cédant aux supplications des officiers qui l'entouraient, tous prêts d'ailleurs, à lui faire un rempart de leurs corps, et sacrifiant son courage devant l'imminence d'une calamité publique, consentit enfin à s'éloigner un instant de Turin et à enlever ainsi à l'insurrection un aliment de plus. Cette concession, que nul n'a le droit de blâmer quand elle a été conseillée et faite par de tels hommes, ne produisit pas le résultat qu'on en avait attendu, et grâce aux efforts des agents de l'étranger, les choses furent bientôt poussées à un point déplorable (1). »

---

(1) *Notice biographique sur M. le général Preval, pair de France*, Paris, 1842, 2e édition.

Les révoltés envahirent la citadelle et arrêtèrent certains officiers. Mais l'attitude énergique prise par le colonel Preval, aidé de ses cavaliers, ramena le calme dans les esprits et désarma les colères les plus violentes. Ainsi, se vérifiait, encore une fois, cet esprit de mutinerie qui avait toujours caractérisé les soldats de l'armée d'Italie.

A la suite de cette affaire, Delmas quitta Turin, prit un congé de quatre mois et le Gouvernement le nomma inspecteur général de l'infanterie (26 décembre 1801).

La paix d'Amiens mit bientôt fin à la seconde coalition.

CHAPITRE IX

Etat d'esprit de l'armée en 1802. — Le Concordat. — *La Belle Capucinade*. — Complots militaires. — L'incident Delmas-Destaing.

Affranchie, par la paix d'Amiens, des soucis extérieurs, l'armée, en 1802, s'intéressait davantage aux événements qui se déroulaient à l'intérieur du pays. Précisément, à ce moment, Bonaparte songeait à donner un pendant au traité d'Amiens en scellant, par une convention, la réconciliation de la République avec l'Eglise.

On était à la veille de la signature du Concordat ; un très grand nombre d'officiers, à qui la suspension générale d'armes faisait des loisirs, et qui se trouvaient alors à Paris, mis au courant de ce qui se passait entre le Premier Consul et les représentants du Pape, ne cachaient pas leur mécontentement. Des conciliabules s'ouvraient chez les uns et les autres, dans les cafés et restaurants, et des propos violents s'échangeaient. Masséna, Macdonald, Augereau, Davoust, et surtout les généraux de l'armée du Rhin, Moreau, Bernadotte, Gouvion St-Cyr, Delmas, Oudinot, Lecourbe, etc., dont le républicanisme s'affirmait avec plus d'ardeur que chez leurs collègues des autres armées, protestaient hautement.

Le traité de paix entre Rome et le gouvernement consulaire fut enfin signé et Bonaparte résolut de célébrer cet heureux événement par une grande solennité.

Méneval dit à ce propos dans ses Mémoires :

« Quelques officiers de l'armée du Rhin, émules des idéologues du Sénat, s'émurent de la conclusion du Concordat comme d'un malheur public ; ils mettaient le christianisme, qualifié par eux de superstition, en dehors de la liberté et, fidèles au système Jacobin, se croyaient menacés dès qu'ils ne persécutaient plus. La veille du jour où la réconciliation de l'Eglise et de l'Etat fut célébrée à Notre-Dame, des conciliabules se tinrent entre plusieurs généraux et officiers supérieurs. Bernadotte (qui fréquentait la société d'Auteuil, (Mme de Condorcet et Cabanis) y parut à côté de Delmas, de Lecourbe, de Donnadieu, Fournier-Sarlovèze. Quelques exaltés parlèrent d'infliger à Bonaparte le sort de Romulus et de César, sauf à lui décerner ensuite l'apothéose. Bernadotte repoussa l'assassinat, mais accepta un enlèvement de vive force ; grâce à lui aucune décision ferme ne fut prise. »

M. Léonce Pingaud dans son livre sur *Bernadotte, Napoléon et les Bourbons*, nous donne la même impression.

Le futur roi de Suède habitait à cette époque son hôtel de la rue Cisalpine, au quartier du parc Mousseaux ; il menait une vie luxueuse, faisait figure et tenait des « assemblées. » (1).

Chez lui, on discutait avec exaltation sur le sort du Premier Consul. Les uns, comme Delmas, Fournier-Sarlovèze, Lecourbe Donnadieu, penchaient vers les solutions les plus violentes, parlaient de se porter aux dernières extrémités ; d'autres, plus sages, ou plus habiles, comme Bernadotte, tenaient pour des mesures moins rigoureuses. Mais les uns et les autres ne tombaient pas d'accord sur les moyens qu'ils devaient employer pour parer aux graves éventualités que l'armée républicaine et anticléricale de 1802, redoutait.

L'ordre donné aux généraux, présents à Paris, d'assister en uniforme et en corps, à une grande cérémonie de *Te Deum*, qui devait avoir lieu à Notre-Dame le 28 germinal (18 avril), jour de Pâques, vint surprendre les conspirateurs au milieu de leurs conciliabules et mettre un terme à leurs hésitations.

La convocation, signée du ministre de la guerre Berthier, jeta les héros du Nord, de Hollande, du Rhin et d'Italie, dans la plus grande exaspération.

« Ils s'étaient écriés : « Un service militaire, cette papelar-

---

(1) F. L. Guillon, *Les Conspirations militaires sous le Consulat et sous l'Empire*. — Gilbert-Augustin Thierry : *Conspirateurs et gens de police. Le Complot des libelles*, (Paris 1903).

dise ? On n'irait pas à la corvée ! » Ils avaient alors dépêché vers le Consul cette mauvaise tête d'Augereau ; mais le Consul avait reçu l'ambassadeur de la belle façon : « Un manquement à la discipline ! Depuis quand s'avisait-on de discuter ses ordres ? On obéirait. » Et l'on avait obéi... Les généraux s'étaient donc réunis — soixante environ — dès neuf heures du matin, rue de Varenne, au ministère de la guerre. Table dressée, superbe raout. On avait déjeuné bruyamment ; puis, après le champagne, le café, la liqueur Amphoux, on s'était séparé. Les uns montant dans les rares voitures du ministre, l'avaient accompagné aux Tuileries ; les autres, moins courtisans s'étaient rendus directement à Notre-Dame... (1) »

Delmas déjeuna chez Berthier avec ses camarades, et, avec les plus intransigeants d'entre eux, gagna la Cité et entra dans l'ancien temple de la Raison qui se rouvrait aux pompes du culte catholique restauré.

« Maintenant, fort excités par un copieux repas, nous apprend M. Gilbert-Augustin Thierry, (2) ces Jacobins, ces philosophes, pénétraient dans « l'antre de la superstition ».

» Mais là, stupeur et colère ; point de places réservées pour eux : l'évêque Bernier les avait oubliés. Furieux, ils arpentaient la nef, le chapeau à panaches sur la tête, traînant le sabre, faisant crier l'éperon ; en même temps, ils pestaient, ils sacraient : « Traiter de la sorte l'honneur, la gloire, l'égide même de la patrie ! » — Le tout en cette langue imagée des hussards conquérants d'escadre, de grenadiers chargeant des Kaiserlicks. Autour de la chaire ils apercevaient, groupés en belle ordonnance, une trentaine de « prêtaillons » ; des monsignori aux bas violets, de gras abbés en soutanelle ultramontaine — les suivants du cardinal légat, — et aussi plusieurs petits collets gallicans, en manteau court, rabbat, habit à la française. L'ingénieux Bernier les avait ainsi rassemblés, parterre d'applaudisseurs discrets, pour l'instant délicat du sermon. Le spectacle des généraux en détresse égayait ces

(1) Gilbert-Augustin Thierry, *op. cit.*
(2) Ibidem.

messieurs ; ils ricanaient. Tout à coup le poing de Masséna s'abat sur l'un des rieurs : « Debout l'abbé ! Je veux ta chaise. » Ce fut comme un signal d'assaut. Tous ces hommes à panaches se précipitent sur ces gens à soutane, les houspillent, les mettent en fuite et s'emparent de leurs places. Dans l'église on applaudissait .. »

Et Bonaparte ne se pressait pas d'arriver !

Mais à cela ne se bornait pas tout le scandale que provoquait, en quelque sorte, la longue attente du Premier Consul et du cortège officiel. Dans le temple deux places avaient été spécialement réservées, l'une à Lœtitia Bonaparte, mère du vainqueur de Marengo, l'autre à Joséphine, son épouse.

M. Vacher, dans le travail qu'il a consacré à Delmas, nous apprend « qu'un incident surtout causa une vive irritation à Bonaparte. Le général Moreau, quoique invité, avait refusé de se rendre à Notre-Dame, mais sa femme y parut et, soit intention, soit hasard, elle se présenta à la porte de l'église quand la cérémonie était déjà commencée. Aussitôt Delmas et vingt généraux s'élancent pour faire cortège à la femme du vainqueur de Hohenlinden, et l'accompagnent jusqu'à la place d'honneur, auprès de Joséphine Bonaparte, qu'elle éclipsa pendant la cérémonie de tout l'éclat de sa jeunesse et de sa beauté. »

M. Gilbert-Augustin Thierry raconte l'anecdote d'une façon différente : « Or, peu de temps avant midi, deux femmes se présentaient à cette entrée et parlementaient avec la sentinelle : « On ne passe pas ! — Je suis la générale Moreau. » A ce nom, le soldat s'était écarté, livrant aussitôt passage. Deux fauteuils avaient été préparés dans la tribune ; l'une et l'autre s'y étaient installées. D'en bas, on les lorgnait... Elles étaient bien connues de tout ce monde officiel : — celle-ci, Mme Hulot, une citoyenne politiquante, tenant petite chapelle d'opposition, hostile à Bonaparte, le brocardant sans trêve ; celle-là sa fille, la vaporeuse Alexandrine-Eugénie, mariée depuis dix-huit mois au général Moreau : une femme « sensible », élève du chanteur Elleviou, sachant roucouler la romance plaintive, pincer de la harpe, et danser la gavotte de Gardel avec la grâce mignarde d'une Bigottini... Cependant, précédées par les préfets du Palais, les dames Bonaparte, Mme Lœtitia et sa bru, venaient d'arriver. A la vue des entreuses, Joséphine s'arrêta, saisie... Cette Périne Hulot ! Elle la détestait et elle en avait peur ; une créole comme elle, comme elle une « merveilleuse » aux jours du Directoire ; l'amie d'autrefois, l'ennemie d'à présent ; jalouse, hargneuse, médisante, et qui, souvent l'a fait pleurer !... Mais déjà le Préfet du Palais, Didelot, formulait des observations. Alors, propos aigres-doux, paroles amères, mignonnes impertinences ; Mme Hulot protestait : « Un affront !... Eh bien, elle se plaindrait à son gendre, — et l'on saurait bientôt quelle sorte d'homme était son gendre. » Puis, une ridicule attaque de nerfs ; la sensible Eugénie jouait l'évanouissement. De guerre lasse, Mme Lœtitia céda enfin sa place, et la générale Moreau put demeurer assise à côté de la générale Bonaparte : elle aussi dominait l'assemblée... (1) ».

Or, pendant ce colloque entre les femmes des deux rivaux, Bonaparte et Moreau — Moreau qui, pendant la cérémonie affectait de se promener, en bourgeois, sous les fenêtres des Tuileries — éclatait dans le chœur le scandale des généraux. Si donc Delmas et ses camarades firent cortège à la générale Moreau et à sa mère, ce fut bien avant le commencement de la cérémonie, et même avant la venue de Lœtitia et de sa bru.

Enfin, Bonaparte arriva. On le reçut en grande pompe, on lui offrit l'eau bénite, et sous les voûtes du vieil édifice gothique retentirent les hymnes liturgiques. Pendant toute la durée de l'office, les généraux causaient, riaient, s'exclamaient, et à plusieurs reprises, dit Bourienne, le bruit de leurs conversations interrompirent la cérémonie, au grand scandale des assistants. Le Premier Consul s'impatientait, s'indignait. « Parfois encore, il levait les yeux vers le jubé, cet ambon qu'on avait réservé pour sa femme et sa mère. Il apercevait alors Mme Hulot qui le dévisageait insolemment, et la colère lui faisait à nouveau froncer les sourcils, assure M. Gilbert-Augustin Thierry. »

---

(1) *Gens de police* op. cit.

Lorsque l'archevêque de Tours, Raymond de Boisgelin, monta en chaire, son discours eut à affronter les impertinences de Delmas et de ses camarades qui, groupés au-dessous du prélat, « raillaient sur le latin » et « brocardaient sa soutane ». Le prédicateur perdait la tête s'embrouillait et les généraux continuaient de plus belle leurs railleries et leurs brocards.

La cérémonie terminée, le cortège officiel quitta Notre-Dame et regagna les Tuileries au milieu des exclamations populaires. En dépit des incidents qui avaient marqué la cérémonie, Bonaparte était satisfait de la journée. Sans doute, il avait contre lui et ses desseins les généraux ; mais en revanche, il pouvait compter sur le peuple qui le choyait et le saluait comme un sauveur. Aussi se promettait-il de mettre tous ces « clampins » à la raison, le moment venu.

Le soir, on banqueta somptueusement et joyeusement, au palais Consulaire, pour célébrer l'heureux événement du jour. Le Premier Consul y parut de bonne humeur, même lorsque Chaptal vint lui rendre compte des désordres qu'avaient provoqués à Notre-Dame, les généraux, Mme Hulot et sa fille, et qu'il le mit au courant des recherches dont Moreau avait été l'objet et que personne n'avait vu à la cérémonie.

Vers dix heures, il reçut les ambassadeurs qui venaient de dîner chez Talleyrand. Puis ce fut le tour des fonctionnaires et des généraux. Ceux-ci, qui attendaient Bonaparte, se groupaient entre eux et causaient. Il s'approcha de Marmont lui exprima sa satisfaction de la bonne tenue des troupes, l'entretint de l'Egypte et laissa percer quelques regrets de son abandon. Puis, nous dit encore M. Gilbert-Augustin Thierry, (1) « tout à coup, parmi les militaires qui formaient le « cercle » il aperçut Delmas. Ce Limousin Delmas, glorieux sabreur aux armées de Hollande et du Rhin, merveilleux entraîneur de charges audacieuses était fort populaire chez le troupier. Une sorte de légende environnait son nom : avec des cavaliers, disait-on, il avait emporté une citadelle. Mais Bonaparte ne le choyait guère : mauvaise tête, « clabaudeur », jacobin,

(1) *Op. cit.*

déjeunant trop souvent chez Moreau !... Il poussa droit à lui :

— Eh bien général, êtes-vous satisfait? Une belle cérémonie n'est-ce pas ?

— Dites plutôt : une belle capucinade !... Nous changeons nos dragonnades en chapelets !... Il manquait à votre fête ces milliers d'hommes qui sont tombés pour abolir les pasquinades et détruire la superstition ! »

Par cette vive riposte, que Bonaparte dut recevoir avec la sensation d'un coup de sabre, Delmas soulagea la conscience de tous ses camarades. Dans sa tournure toute militaire, elle traduisait le mécontentement général de l'armée entière et de ses chefs qui pensaient tout bas ce que Delmas avait si clairement dit, tout haut, au Maître lui-même. Aussi le propos fit-il grand bruit, même en dehors des lieux où il avait été prononcé.

Quelques jours après Delmas dînait chez Moreau, en compagnie de Berthier, ministre de la guerre, et de quelques autres divisionnaires de l'armée du Rhin. La cérémonie de Notre-Dame et ses divers incidents firent tous les frais de la conversation. Moreau se montrait satisfait de n'avoir pas obéi aux ordres du gouvernement, en cette circonstance. Il pria Delmas, raconte Thibaudeau, de reconstituer la scène qu'il avait eue avec le premier Consul.

— Mais que t'a répondu Bonaparte, ajouta Moreau, au récit de son compagnon d'armes ?

— Quoi qu'il m'ait répondu, répliqua Delmas, je m'en moque.

Ces propos furent rapportés à Bonaparte qui réprimenda fortement Berthier de ne pas les avoir relevés.

Le mot de Delmas sur « la Belle Capucinade », a été diversement rapporté par les historiens et les mémorialistes.

M. Vacher dit : « Le soir il y eut grand dîner aux Tuileries. A la réception qui suivit, le premier Consul, circulant parmi les invités, s'approcha d'un groupe de généraux où se trouvait Delmas, et se mêlant brusquement à la conversation :

— Que dites-vous de cette cérémonie ?

— Je dis, répliqua Delmas, que c'est une belle Capucinade ;

il n'y manquait que le million de français qui se sont fait tuer pour détruire ce que vous venez de rétablir. (1) ».

Touchard-Lafosse, dans son livre sur la Révolution, l'Empire, et la Restauration, rapporte les paroles de Delmas en les aggravant, en quelque sorte. Il est vrai que cet auteur est presque toujours partial, pour ne pas dire inexact, mais le propos qu'il relate est presque, mot à mot, celui que M. Gilbert-Augustin Thierry a consigné dans son *Complot des libelles* :

« On venait de chanter un *Te Deum* à Notre-Dame, rapporte Touchard-Lafosse, en action de grâce des bienfaits que Dieu répandait sur la France : c'était en 1802. Après cette solennité religieuse, il y eut audience aux Tuileries ; Bonaparte y reçut surtout des généraux : « Eh bien ! général, dit-il au brave Delmas, nous venons de faire une cérémonie bien imposante. — Oui, répondit le franc militaire, vous venez de faire une belle capucinade. Il ne manque plus que de nous faire mettre des chapelets en guise de dragonnes à nos épées ! »

Même note du général Thiébaut :

« Presque tous les généraux présents à Paris assistèrent à la cérémonie de Notre-Dame, nous dit-il dans ses Mémoires, à l'exception de Moreau, toutefois, qui affecta de se promener devant les Tuileries pendant que tous le monde officiel était à l'office. Des places avaient été réservées à Notre-Dame aux invités, sauf pour les généraux ; « de sorte que près de soixante d'entre eux, entassés dans le passage ménagé au centre de la nef, ne savaient où aller ni que devenir, et se trouvaient avoir à leur droite plus de soixante prêtres, commodément assis et qui regardaient, presque an ricanant, ces officiers, l'honneur, la gloire et l'égide de leur pays. On comprend le murmure qui s'éleva et les imprécations qui s'y mêlèrent.

» Delmas qui cassait les vitres sans s'embarrasser qui les payerait, osa dire au premier Consul : « Il ne vous reste plus qu'à changer nos dragonnes en chapelets. Qnant à la France, elle n'a plus qu'à se consoler de la perte d'un million d'hom-

(1) Version approchante dans le livre déjà cité de M. L. Guillon.

mes qu'elle aura inutilement sacrifié pour mettre fin aux pasquinades que vous ressuscitez. » (1)

De son côté, la duchesse d'Abrantès, qui était fort liée, non seulement par son mari, Junot, mais par sa famille à elle, avec Bonaparte et les siens, en écrivant les lignes suivantes, nous rapporte l'effet que produisit la riposte de Delmas sur le premier Consul :

« Les coups de canon, les troupes bordant la haie, la cavalerie, ces salves d'artillerie qui, depuis le point du jour, faisaient frémir toutes les vitres de Paris, tout ce bruit des camps mêlés à des chants religieux, à cette pompe de l'église, toujours nécessaire et justement accordée avec la solennité de la cérémonie, cette réunion était vraiment admirable et parlait à l'âme. Aussi le premier Consul fut-il vivement irrité de la réponse du général Delmas, lorsque lui demandant comment il avait trouvé la cérémonie le général lui répondit : — C'est une belle arlequinade. Mais il faudrait pour qu'elle soit mieux encore, un million d'hommes qui ont donné leur sang pour détruire ce que vous venez de relever.

» Le premier Consul s'exprima avec une grande sévérité sur cette réponse, et dit, entre autres choses qui me parurent fort justes, que le général Delmas avait répondu avec aussi peu de réflexion que de bon goût. En effet, dans les hommes abattus par le canon de l'ennemi depuis 1792, et c'est là qu'il faut voir les pertes réelles, — il n'y en a pas UN qui soit mort pour la cause religieuse. Si le général Delmas entendait par la religion tout ce qui avait quelque rapport à l'ancien ordre de choses, cela donne un côté différent à la question ; mais ne la change pas, et je fus bien de l'avis du premier Consul en l'entendant manifester un vif mécontentement; au surplus il ne dit rien dans le moment, ce ne fut même que dans l'intimité qu'il laissa voir combien cela lui avait déplu. (2) »

Suivant Emile-Marco de Saint-Hilaire, Delmas aurait tenu

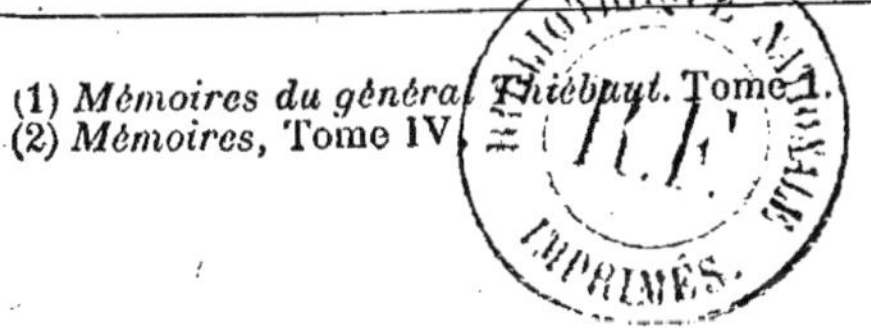

(1) *Mémoires du général Thiébault*. Tome 1.
(2) *Mémoires*, Tome IV.

à Bonaparte le propos de « La Belle Capucinade » à Notre-Dame même ; suivant une version qui a cours à Porrentruy, et dont l'auteur serait François Guélat, c'est aux Invalides, à une bénédiction de drapeaux, que la scène se serait passé. (Cf. *Notice sur le Général Delmas*, par Ad. Kohler.)

L'abstention de Moreau à Notre-Dame, qui constituait une désobéissance formelle aux ordres qu'il avait reçus, le vif propos de Delmas, l'hostilité masquée de Bernadotte et de vingt autres généraux, tous couverts de gloire, tous très populaires, tant dans l'armée que dans le peuple, irritèrent Bonaparte au-delà de toute expression. Il sentait que des complots allaient s'ourdir, sinon contre sa propre vie, du moins contre le gouvernement qu'il présidait et ses projets d'avenir. Il résolut de frapper de grands coups afin d'en finir avec les « mauvaises têtes » qui osaient s'en prendre à lui, et qui le traitaient de « nabot », de « pygmée », de « bandit corse bâtardé ».

Le danger était éminent. A Paris, chez Moreau, les généraux continuaient à s'agiter. Ils se doutaient que le Concordat était la première étape de la route que parcourait Bonaparte dans le but de détruire la Révolution et de rétablir l'ancien Régime. Parmi eux, comme toujours, Delmas, Donnadieu, Fournier-Sarlovèze, Lecourbe, paraissaient les plus exaltés et les plus résolus, car Moreau hésitait.

« Ah ! si Moreau voulait ! », tel était le cri que poussaient tous les héros de mille actions d'éclat en détresse, tremblant de voir les conquêtes de l'esprit révolutionnaire sombrer dans la dictature que se préparait le vainqueur de Lodi et des Pyramides. Et à cette crainte se mêlait la jalousie féroce de tous ces hommes qui en voulaient à Bonaparte d'être arrivé à la première magistrature du pays, d'être adulé par le peuple, qu'il trompait, pensaient-ils.

« Ah ! si Moreau voulait ! », tel était le cri que poussait toute l'armée de l'Ouest, que commandait Bernadotte, et qui ne demandait qu'à appuyer le mouvement de Paris.

L'esprit de décision de Bonaparte eut raison de l'irrésolution de Moreau et de celle de Bernadotte, les deux chefs de la conspiration, à Paris et à Rennes. Pendant qu'il donnait l'ordre à l'armée de l'Ouest de former les contingents du corps expéditionnaire de Saint-Domingue, afin de disperser ce foyer d'intrigants et de clabaudeurs, il prescrivit l'arrestation des principaux meneurs, qui, croyait-il, agissaient à l'instigation de Moreau, tel Delmas.

Le 30 avril 1802, ce dernier s'était rendu à l'Opéra-Comique où on jouait une pièce de Dupaty, musique de Dalayrac, *L'Antichambre ou les Valets entre eux*. Des militaires et des laquais, qu'on croyait être revêtus de livrées dont la coupe faisait penser à des uniformes de certains hauts fonctionnaires étaient mis en scène.

Un dialogue s'engageait entre eux :

— Que faites-vous, disent les laquais aux militaires ?

— Nous sommes au service.

— Nous aussi.

Et les spectateurs de rire. Tout à coup une voix s'élève, parmi les spectateurs : « On ne dira pas cela des soldats de l'armée du Rhin. »

C'était Delmas qui protestait.

Une autre voix reprit :

— Est-ce que vous l'appliqueriez à ceux d'Italie ?

— C'est à vous de savoir, répliqua Delmas, si vous êtes au service de quelqu'un.

Le spectateur qui avait répondu à Delmas n'était autre que le général Destaing, ancien commandant des volontaires du Cantal, qu'on disait acquis à Bonaparte.

Il y eut un échange de témoins. La rencontre se fit le lendemain au bois de Boulogne ; Destaing y reçut une sérieuse blessure (1).

Bonaparte ne pouvait tolérer de pareils scandales, quelles que fussent les raisons qui lui commandaient la plus grande réserve à l'endroit des généraux républicains dont il redoutait l'éclat dans l'armée. Il donna l'ordre d'arrêter Delmas que

(1) Quelques jours après, le 17 mai, dans un autre duel, le général Destaing fut tué d'un coup de pistolet.

Donnadieu, après son incarcération au Temple, avait dénoncé, ainsi que les autres officiers mêlés à la conspiration. (1).

(1) Chancelier-Pasquier : *Mémoires*.

CHAPITRE X

Arrestation du général Delmas. — Sa disgrâce. — Junot et Savary — Exil de Delmas à Porrentuy. — Mlle Weter et ses enfants. — Grandeur et décadence de Napoléon.

Des amis, parmi lesquels le général Jnnot qui avait la confiance de Bonaparte, prévinrent Delmas des dangers dont il était menacé. Junot lui offrit même de se réfugier chez lui, dans une petite maison qu'il possédait aux environs de Paris. C'est là que les gendarmes de Savary allèrent pour l'arrêter. Ils cernèrent la maison, mais Delmas leur échappa en sautant par dessus les murs de la propriété. « Junot, alors gouverneur de Paris, jeta les hauts cris, se plaignit d'attentat, de violation de domicile, etc., et ne pardonna point à Savary. » (1)

Savary, dans ses *Mémoires*, se défend ; il raconte qu'un officier général (Junot) signala à Bonaparte le colonel (Fournier) et le général D(elmas), avec lequel il était étroitement lié. « Il les représentait comme exaltés au point de ne pas rejeter peut être l'idée d'un attentat à la vie du premier consul, considération qui, disait-il, avait pu seule le déterminer à donner l'avis qu'il transmettait. Muni d'une pièce aussi

(1). E. Guillon : *Les Complots Militaires sous le Consulat et l'Empire*, Paris, 1894.

précise, le chef de l'Etat ordonna l'arrestation des deux officiers qui lui étaient désignés. Le ministre de la police lui avait laissé ignorer l'existence de ces trames odieuses. Il ne savait si elles avaient échappé à sa surveillance, ou si Fouché avait intérêt à l'abuser. Dans le doute, il ne voulut pas recourir aux voies ordinaires, et chargea la gendarmerie d'élite, dont j'étais colonel, de s'assurer des prévenus. F(ournier) fut arrêté; mais D(elmas) échappa par les soins officieux de celui qui l'avait dénoncé.

» Celui-ci n'avait pas transmis son rapport au premier consul, qu'il courut prévenir son ami que tout était découvert, qu'il prît garde à lui, croyant sans doute soulager sa conscience par cet avis officieux. D(elmas) touché de sa sollicitude, plein de confiance dans une vieille liaison contractée au milieu des chances d'une homogénéité de fortune politique, lui demanda asile.... Il n'osa refuser et accueillit le fugitif; mais il prévint en même temps qu'il n'avait pu repousser les sollicitations de l'amitié, que D(elmas) s'était refugié chez lui.

» J'étais à la Malmaison quand l'avis y arriva. Le premier consul, que ces intrigues avaient indisposé, m'envoya de suite à Paris, avec un ordre de diriger un détachement de gendarmerie sur la maison de campagne de ce général. Le détachement se rendit au village, mais ne trouva personne. Delmas était en route pour ses foyers, où le premier consul ordonna de le laisser tranquille.

» L'apparition des gendarmes chez le général dont le zèle pour le premier consul paraissait diriger la conduite dans cette occasion, éleva cependant une mésintelligence entre lui, qui avait provoqué cette mesure, et moi qui avait reçu l'ordre de l'exécuter. Il se plaignit de l'insulte qui lui était faite, en appela aux officiers, écrivit au premier consul, voulut à toute force avoir satisfaction à mes dépens. »

Savary ajoute, dans ses *Mémoires*, qu'en ayant appelé à la justice de Bonaparte, celui-ci lui donna raison contre Junot. « Et que vous font ces clameurs, aurait dit le Premier Consul, ne voyez vous pas d'où elles partent? XXX (1) ne crie si haut que parce que c'est lui qui m'a prévenu des vues de

(1). Junot.

D(elmas) et de l'asile qu'il avait choisi, du reste, soyez tranquille, je me charge de le calmer » (1).

Et Savary dit encore : « Mes pressentiments étaient vérifiés; il ne restait plus qu'un point à s'éclaircir. Je voulus en avoir le cœur net, et demandai, dans la suite, à D(elmas) (2) qui était retiré dans ses foyers, par qui il avait été avisé de quitter la maison où il s'était retiré. C'était encore, comme je le soupçonnais, son officieux ami qui l'avait prévenu que la gendarmerie était sur ses traces. Il eût pu faire davantage, il eût pu dire comment il s'y trouvait. »

Le 12 floréal an X, l'ordre fut donné au général Delmas de partir le surlendemain de Paris pour se rendre à Tulle où il devait attendre de nouveaux ordres.

En réponse à cette décision, Delmas dut demander à aller aux eaux de Luxeuil (Haute-Saône) pour y soigner ses blessures. Le 21 floréal, un congé lui fut accordé à cet effet. Il devait gagner Luxeuil « sans attendre de nouveaux ordres. »

Le 26 floréal, suivant l'arrêté ci-dessous était pris contre Delmas :

« Les consuls de la République arrêtent ce qui suit :

» Art. 1er. Le général de division Delmas prendra son traitement de réforme et ne sera plus compris dans le tableau des officiers généraux.

» Art. 2. Il ne pourra toucher son traitement de réforme qu'à la distance de 30 lieues de Paris et n'approcher de plus de cette distance sans ordre du ministre.

» Les ministres de la guerre et de la police générale sont chargés de l'exécution du présent arrêté. »

Comme on le voit l'arrêt qui frappait Delmas n'était pas motivé. De plus, il ne portait que la signature de Bonaparte, alors que celles des deux autres consuls devaient figurer également sur toutes les pièces émanant du gouvernement.

---

(1) *Mémoires du duc de Rovigo*, tome I, Paris, 1828.

(2) « Il vécut dix ans dans la disgrâce avant d'être réemployé, et fut tué à la bataille de Leipzig. » (Note du duc de Rovigo).

Delmas n'accepta pas sans protestation cette décision. Il écrivit au Premier Consul :

« J'obéis puisque vous êtes le chef ; mais je proteste contre un acte d'autorité qui est celui de la tyrannie. Vous usez durement de votre puissance, dans l'orgueil que vous tenez de nous. Cette couronne de lauriers dont vous êtes si fier, c'est nous qui l'avons tressée ; et si chacun de ceux qui y ont apporté une feuille la retirait de votre front, il pourrait bien rester chauve, privé de ce glorieux ornement. » (1).

L'ordre de mise en réforme fut expédié, avec la lettre suivante, à Delmas :

« Je vous adresse, citoyen général, un arrêté des Consuls du 26 floréal dernier (16 mai 1802), an X, portant que vous prendrez votre traitement de réforme.

» En conséquence de la deuxième disposition de cet arrêté, vous voudrez bien me faire connaître le lieu de votre domicile afin que je donne les ordres de vous y faire payer votre traitement de réforme. En attendant ce traitement vous sera acquitté à Luxeuil.

» Signé : Berthier. »

On a attribué à diverses causes la disgrâce du général Delmas. Une version qui a cours dans son pays natal, dit qu'à une fête des Tuileries, Delmas vit venir à lui des dames qui lui présentèrent une aumônière afin qu'il y mit son obole pour les pauvres. Pour toute réponse, Delmas aurait fait à ces dames un geste de corps de garde des plus indécents qui aurait déterminé, de la part du Premier Consul, cette punition exemplaire. Inutile de dire que tout cela est faux et qu'il n'était pas dans les habitudes de Delmas, s'il avait, par contre, le verbe haut et franc, de manquer gravement aux règles de la bienséance, surtout quand des dames se trouvaient en sa présence. Tout nous prouve, au contraire, qu'en pareille occurence il sut toujours se montrer très courtois et fort galant.

---

(1) Document cité par M. Ad. Kohler dans sa *Notice sur le général Delmas*, présentée à la *Société Jurassienne d'Emulation*. (Porrentruy 1903).

Touchard-Lafosse, dont nous signalons, d'autre part, les inexactitudes, nous donne une version, plus plaisante, des causes de la disgrâce de Delmas.

« Plus tard, à la cérémonie du sacre, ce général (Delmas), dominé par je ne sais quel vertige, alla s'asseoir parmi les cardinaux. Le même jour, au grand cercle du Château, Delmas s'avance de Napoléon, admire le riche pommeau de l'épée impériale, en touche les diamants avec une sorte d'envie, puis dit fièrement : « Ah ! que c'est beau ! Mais s'il n'y avait qu'à se disputer, tête à tête, cette épée, elle serait bientôt à moi. » Cette fois, le farouche guerrier sera puni : l'Empereur le fait rayer des contrôles de l'armée, l'exile et le réduit à une pension de 3,000 francs. »

Il n'y a qu'un malheur au récit de Touchard-Lafosse : c'est qu'au moment où se passait la scène qu'il rapporte, Delmas était à Porrentruy, disgrâcié depuis déjà deux ans, pour des faits antérieurs à ceux dont il nous entretient.

De Luxeuil, le général Delmas, obéissant à l'ordre qui lui était donné de ne pas s'approcher de Paris, de plus de trente lieues, se rendit en Suisse, à Porrentruy, où des affections intimes le rappelaient. Quoique libre, il y fut étroitement surveillé par la police (1).

Delmas quitta la France avec autant de fierté que d'amertume au cœur. Sa haine de Bonaparte s'assouvissait à la pensée que sa puissance n'aurait qu'un temps ; que d'autres, plus heureux que lui, réussiraient ; que Moreau finirait par « oser », et qu'il ne tarderait pas à reprendre son grade et son rang parmi les braves des armées républicaines.

Hélas ! Moreau, en effet, devait enfin « oser », mais en s'associant aux criminels desseins des royalistes que menait Georges Cadoudal. Quant à Bonaparte, il ne devait pas tarder à couronner sa tête du diadème de Charlemagne, et, ainsi, à prolonger l'exil de Delmas, jusqu'à l'heure où la défaite devait le ramener en Allemagne pour mourir sous les aigles (2).

Delmas n'arrivait pas à Porrentruy en inconnu. Les habi-

(1) E. Guillon : *op. cit.*
(2) L. Pingaud, *Bernardotte, Napoléon et les Bourbons*. Paris, 1902.

tants de cette petite localité le considéraient même comme un peu leur concitoyen, à cause d'une liaison qu'il avait avec une demoiselle Weter, depuis 1792, alors qu'il occupait, avec les volontaires de la Corrèze, sous Custine, Saint-Ursanne et les défilés de la Franche-Montagne.

Depuis, il était souvent revenu dans ce pays aussi bien pour s'y reposer des fatigues de la guerre que pour entretenir des relations avec Mlle Weter et sa famille. Comme le général Lassalle qui, entre deux trêves, quittait ses escadrons, Delmas pouvait dire : « Le temps d'aller à Porrentruy, de commander une paire de bottes, de faire un enfant à ma femme, et je reviens. »

Magdalena-Salomé Weter, née en 1773, était la fille d'Ignace, boucher. à Porrentruy, et de Anne-Marie Voisard ; elle se trouvait être la sixième d'une famille de neuf enfants.

Un de ses frères, Ignace Aubert, né le 6 novembre 1776, fit la connaissance de Delmas dans les circonstances suivantes, en 1792. Un jour que le commandant des Volontaires de la Corrèze passait devant la boucherie du père Weter, où il avait remarqué les grâces attachantes de Magdalena Salomé, il aperçut, parmi les garçons servants inoccupés, devant la boutique, un gaillard, les bras nus, le tablier retroussé et la gaine à la ceinture. Après l'avoir considéré un instant, Delmas lui dit : « N'aimerais-tu pas mieux porter l'épaulette que d'abattre les bœufs et égorger les moutons ? » — Oui, mais j'ai pris un bon numéro et ne pars pas ! — Eh bien ! tu partiras ; je te donnerai une lettre pour un ami qui aura soin de toi, et si tu as du courage, tu avanceras rapidement. Un homme aussi bien taillé que toi n'est pas fait pour moisir parmi les fruits secs, ou mourir la paille au c... ! »

Le jeune homme se laissa faire, s'engagea, devint chef d'escadron au 3e régiment de cuirassiers, se battit vaillamment, et fut tué à Essling, en 1809.

Le général Delmas eut de Mlle Wetter cinq enfants, trois garçons et deux filles, tous nés à Porrentruy, de 1794 à 1806 (1).

---

(1) Ignace-Antoine-Guillaume, né le 3 prairial an II (22 mai 1794) ; Pierre-Jean-Baptiste-Auguste, né le 12 pluviose an V (31 janvier 1797) ; Sophie-Claire, née le 4 messidor an X (23 juin 1802) ; Otille-Marie-Elisabeth, née le 6 thermidor an XII (25 juillet 1804) ; Auguste-Nicolas, né le 29 mars 1806. (Actes d'état-civil de la Préfecture de Porrentruy).

Les actes officiels concernant leur naissance portent que ces enfants sont fils de « Antoine-Guillaume Delmas, d'Argental *(sic)*, département de la Corrèze, » et de « Hélène *(sic)* Wetter, *son épouse.* » Ils qualifient Delmas, en 1802 et en 1804, de « lieutenant général des armées de la République » et, en 1806, de « général de division au service de la France. » A part l'aîné, que nous retrouverons plus tard, les enfants du général Delmas et de Madeleine Weter n'ont laissé aucune trace, pas plus à Porrentruy qu'ailleurs. Ils durent, croyons-nous, mourir en bas-âge (1).

La dame Weter fut-elle véritablement l'épouse légitime de Delmas ? Elle est qualifiée ainsi dans tous les actes de naissance de ses enfants et dans un acte notarié portant vente d'une maison de famille, le 1er frimaire an XII. Vers 1815, quand elle se maria, après la mort de Delmas, avec un nommé Jolliet, elle fut reconnue comme étant la veuve du général. Pendant le siège de Landau, ainsi que nous l'avons vu, elle avait suivi Delmas dans la place et y était connue comme étant la « citoyenne Delmas. »

Cependant, toutes les recherches, ayant pour but de retrouver à Porrentruy l'acte civil, — étant donné les opinions de Delmas, il était inutile de rechercher dans des actes d'église — acte par lequel Mlle Weter devenait l'épouse du général Delmas, sont restées infructueuses de 1786 à 1812, — à moins d'admettre que le mariage ait été célébré dans une autre ville que Porrentruy, ce qui ne paraît pas certain, étant donné les habitudes de Mlle Weter et de ses parents. Il semble établi que Delmas épousa la mère de ses enfants, par une union librement consentie, conforme aux principes Jacobins, et que cette union fut peut-être rendue publique dans une de ces fêtes des Epoux que la Révolution avait instituées sur toute l'étendue du territoire français et des pays conquis.

Quoiqu'il en soit, Delmas vécut en famille à Porrentruy, pendant plus de dix ans, au milieu d'une assez large aisance.

---

(1) Ces renseignements et ceux qui suivent ont été recueillis à Porrentruy auprès de personnes qui avaient, sinon connu Delmas, du moins entendu parler de lui par leurs parents et amis.

Il s'était installé à l'hôtel de Roggenbach et dans les jardins de la Vignatte; une orangerie et des sentiers ombragés avaient été ménagés pour son agrément. Il aimait les bêtes, surtout les oiseaux qu'il possédait en grand nombre dans une volière de son habitation, et les chevaux qu'il montait avec ardeur. Une bonne table, de francs et joyeux compagnons, qu'il égayait par son esprit d'à-propos et frondeur, d'autres conquêtes, qu'il devait à son allure martiale plutôt qu'à ses talents purement militaires, lui faisaient une existence d'épicurien.

Tout Porrentruy aimait sa rudesse, ses joyeux propos et sa générosité, toujours mise à contribution avec succès.

Les rauraciens nous représentent le général Delmas grand, d'une assez forte carrure, doué d'une force herculéenne, avec une figure mâle, coupée de moustaches droites et noires, et une queue à la Frédéric ; il avait la parole brève, hautaine, le geste sec. Ses relations, empreintes de la plus franche cordialité, étaient nombreuses ; tous les personnages importants du pays ne dédaignaient pas de le fréquenter, de le rechercher même, d'échanger avec lui quelques spirituelles réparties.

En dépit de son violent anticléricalisme, Delmas était au mieux avec les prêtres de Porrentruy. Volontiers, il s'attardait en longues causeries avec l'abbé Denier qui insistait, vainement d'ailleurs, pour le ramener à des sentiments chrétiens et à la reconnaissance religieuse de ses enfants.

On raconte qu'un jour Delmas rencontrant le digne prêtre, ui dit : « Eh bien ! vous savez ? mon cheval blanc est crevé ce matin sans sacrement ! » — Du tac au tac, l'abbé Denier lui répondit : « Il est mort en général. » Et Delmas de rire de la boutade.

Et pendant que l'existence de Delmas s'écoulait dans une douce inaction, que, dans son for intérieur, il déplorait, et dont il souffrait parfois, Napoléon promenait ses aigles victorieuses à travers l'Europe, défiant les plus vieilles armées, renversant les trônes, soumettant les peuples à ses lois, faisant éclater partout les effets de la puissance Française au rayonnement de son Génie !

Delmas avait accueilli avec transport l'annonce de l'heureuse issue de tant de batailles engagées depuis Austerlitz et Iéna jusqu'à Eylau et Wagram. Son cœur de patriote éprouvé avait sauté de joie devant la gloire de nos armes ; mais son républicanisme intangible avait souffert des succès de « l'Usurpateur. »

Il avait vu ses plus anciens compagnons d'armes, Masséna, Bernardotte, Augereau et tant d'autres, conquérir, à la pointe de leur épée, les grades les plus élevés, les distinctions les plus enviées, les titres ducaux et princiers les plus recherchés, les dotations les plus riches, et pour obtenir tout cela abandonner, sur les chemins de la Victoire, le vieil esprit de la Révolution qui avait stimulé leur courage et révélé leur valeur. Il ne leur en voulait pas, puisqu'en échange de leur adhésion au régime impérial, ils conservaient à la France le glorieux héritage de Valmy et de Fleurus !

Aussi, lorsque le hasard des ordres de l'Empereur venait à rapprocher de la résidence de Delmas quelques officiers généraux de sa connaissance, notre compatriote n'hésitait pas à franchir la frontière et à venir en France s'entretenir avec eux du passé, du présent et, peut-même de l'avenir.

Ces voyages en France devaient être fréquents ; car, en 1806, la police impériale s'émut de la présence de Delmas en Alsace. On lui prescrivit de réintégrer Porrentruy et de se tenir dans les limites que la volonté de Napoléon lui avait assignée, ainsi que le prouve le document suivant :

POLICE GÉNÉRALE — A Strasbourg, le 16 janvier 1806.

Ville de Strasbourg — Le Commissaire g^al^ Provisoire de Police à Strasbourg.

A S. E. M. le Maréchal Sénateur Kellermann, G. O. de la Lég. Honn. et Membre du G^d^ Conseil, Comm^t^ en chef la 3e Armée de Réserve. [à lui seul]

« Monsieur le Maréchal,

» Je crois devoir faire part à V. E. que M. le Conseiller d'Etat Miot m'a transmis hier les ordres de S. E. le Sénateur Ministre de la Police G^le^ par lesquelles je suis chargé

» De notifier au Gal Delmas, s'il est encore à Strasbourg, l'ordre de se retirer à Porrentruy dans ses propriétés et de ne pas revenir à Strasbourg sans une autorisature spéciale et ministérielle. »

» Le Gal Leval à qui j'ai fait part de cette disposition, veut bien se charger de la notiffier en Camarade au Gal Delmas si V. Exc. l'y autorise. Je pense que ce parti conciliera l'obéissance aux ordres du ministre avec les égards que je me ferai toujours un devoir de témoigner aux personnes reçues chez V. Exc.

» Pardon M. le Maréchal si je vous écris d'une main de convalescent et si je ne suis pas venu moi-même vous rendre mes hommages.

» Agréez celui de ma plus haute Considération et daignez me favoriser d'un mot de réponse : Signé : Popp. »

D'autres fois, c'était sur un territoire neutre que Delmas rencontrait ses vieux frères d'armes du Rhin et d'Italie, et ils parlaient du passé, de leurs campagnes et des camarades qui avaient suivi la fortune de l'Empereur ou qui résistaient encore à son autorité.

En 1806, Delmas vit Oudinot chez un ancien Suisse qui avait échappé aux massacres du Dix-Août, le père Frossard qui tenait une auberge à Saint-Brais, dans la principauté de Neufchâtel. Ce Suisse les entendit parler des temps de la République et de l'insatiable ambition de Napoléon qui, assurait Delmas, devait conduire la France à sa perte. (1).

Avec le temps, la haine de Delmas pour Napoléon s'émoussa. Le bruit des victoires, que ce dernier remportait, ravivait, dans le cœur du héros corrézien, le désir de reprendre la vie des camps, de participer aux succès de nos armées qui le jetaient dans d'ardentes fièvres. A plusieurs reprises, il offrit ses services à Napoléon. Mais celui-ci ne répondit pas à ces sollicitations. Il se rappelait toujours les colères et les rancunes d'antan.

---

(1) Elsœsser : *Histoire de mon temps*, (1793-1813). — F. Guélat : *Souvenirs militaires* (1809-1811).

« Il pardonna à Marbot, à Simon, à Pinoteau, comme il dut pardonner à Bernadotte lui-même (1). Mais il y eut toujours un coin dans sa mémoire où il logea les noms de ceux qui avaient été compromis par l'ambition de leurs chefs, ou qui s'obstinaient à leur rester fidèles. Surtout, il entoura d'un implacable ressentiment tout ce qui lui rappelait Moreau. Voilà le secret de ses préventions contre Lecourbe, Macdonald, Delmas, Gouvion Saint-Cyr, Souham, et tant d'autres. » (2).

L'apparition d'une comète, en 1811, avait jeté le trouble dans les esprits. Les uns voyaient dans l'astre chevelu un signe d'abondance de vin, d'autres, un avertissement de la colère divine qui devait s'abattre sur Napoléon et la France. Delmas qui écoutait tous ces propos dans l'auberge du Père Pommier, où il venait conter fleurette aux belles, les relevait :

« Bah, disait-il, contes de vieille capucinade que tout cela. Si les étrangers essaient de se faire les instruments de la colère céleste, nous les forcerons déjà à rentrer chez eux plus vite qu'ils ne sont venus. »

Les désastres de Russie réveillèrent les instincts belliqueux de Delmas en même temps qu'ils l'affectèrent douloureusement. Il offrit de nouveau ses services à Napoléon. Le duc de Feltre lui répondit à la date du 15 décembre 1812 :

« Général, j'ai reçu la lettre que vous m'avez fait l'honneur de m'écrire le 4 décembre pour me témoigner le désir que vous avez d'être rappelé au service. *J'ai soumis à différentes reprises à l'Empereur les demandes que vous m'avez adressées précédemment à cet effet.* Sa Majesté ne m'ayant point fait connaître qu'Elle fut dans l'intention de vous employer, je ne suis plus en mesure, général, de mettre de nouveau cette demande sous ses yeux.

---

(1) Officiers compromis dans le complot dit des Libelles à Rennes (1802).

(2) E. Guillon : *Les Complots Militaires sous le Consulat et l'Empire.*

» Soyez persuadé, Général, du regret que j'en éprouve, et veuillez agréer l'assurance de ma parfaite considération.

» *Le Ministre de la Guerre*,
» Duc de Feltre. » (1).

Le 19 décembre, Napoléon rentra à Paris. Quelques mois après, au printemps de 1813, Delmas revint à la charge et lui écrivit la touchante lettre que voici :

« Sire, vous êtes malheureux ; vous avez besoin de cœurs et de bras dévoués. Je ne suis pas mort dans la disgrâce et l'exil, je puis encore vous servir ; disposez de moi.

» La Patrie doit compter sur tous ses fils pour la défendre et vous ne devez priver aucun d'eux de cet honneur. » (2).

Le duc de Feltre transmit à l'Empereur la nouvelle offre du général Delmas.

---

(1) Document publié par M. Ad. Kohler, avocat. (*Notice sur le Général Delmas*, Porrentruy, 1903).
(2) *Ibidem*.

CHAPITRE XI

Le général Delmas est remis en activité. — Campagne de Saxe (1813). — Bataille de Leipzig. — Entrevue de Delmas et de Bernadotte. — Mort de Delmas.

Napoléon savait Delmas vif, emporté, violent jusqu'à frapper ses soldats (1) ; il n'ignorait pas non plus la vivacité et la causticité de ses propos, mais il le savait aussi brave jusqu'à la témérité; très entendu dans l'art de faire la guerre (2). Qui sait ? Napoléon tint peut-être compte à Delmas de ne pas avoir trempé dans les intrigues de Mallet et de Lahorie, en 1812, et de cette abstention pouvait-il conclure que la « mauvaise tête » d'antan s'était amendée. D'ailleurs, le temps n'était pas aux récriminations ; le danger était grand pour nos armes, le concours d'une épée aussi vaillante que celle de Delmas n'était pas à dédaigner. L'Empereur donna donc l'ordre de répondre affirmativement à la demande de son vieil adversaire de 1802.

---

(1). « Au général Delmas. Quartier général, Leoben, 1er floréal an V (20 avril 1797) : « Le général en chef est instruit que vous vous êtes permis de frapper de la canne plusieurs soldats. Comme cette correction est entièrement contraire à nos principes et au mode de discipline établi dans l'armée d'Italie, il me charge de vous mander de vous conformer à l'un et à l'autre. P.O. » (*Correspondance de Napoléon*).

(2). « Je suis fâché, citoyen général, de ne m'être pas trouvé chez moi lorsque vous y êtes passé. Vous êtes du nombre des hommes que j'aime et que j'ai toujours le temps de voir. Quand vous aurez passé quelques jours à Luxueil, faites moi connaître par un petit billet, si vous êtes disponible, sinon pour la guerre du moins pour un voyage, afin que selon les circonstances j'utilise vos talents. » Bonaparte à Delmas, 5 thermidor an VIII (24 juillet 1800). D'après la *Correspondance de Napoléon*.

Les deux documents ci-dessus ont été publiés par M. R. de Jouvenel dans son étude sur *Nos Compatriotes dans l'Histoire de France*, Brive 1889.

Le 10 avril 1813, Delmas recevait le pli suivant du Ministre de la Guerre :

« Le général Delmas, général de division en retraite, est remis en activité de service dans son ancien grade; il se rendra à Mayence le 18 avril. »

Comme la voie télégraphique avait été employée pour la transmission du décret ci-dessus, S.A.I. Le prince archichancelier de l'Empire écrivit, à la date du 22 avril à « Mgr le duc de Feltre que l'Empereur a témoigné sa surprise de ce qu'on a laissé partir la transmission télégraphique pour faire rejoindre le général Delmas, ce qui annoncerait à ce général un degré d'importance et d'utilité que sa majesté ne lui suppose pas » (1).

Le vainqueur d'Austerlitz ne voulait pas paraître céder facilement. Ce fut sa dernière résistance à l'égard de Delmas.

On raconte à Porrentruy que lorsque Delmas reçut l'avis de sa réintégation dans l'armée il s'écria : « Eh bien ! au moins, je ne mourrai pas la paille au c... ! » Il prépara aussitôt son départ. La maison Paravicini, de Bâle, lui avança dix mille francs. La musique de la garde nationale vint à sa demeure, lui donna une aubade, puis lui fit la conduite jusqu'à la voiture de poste qui devait l'emmener en Allemagne, ainsi qu'une foule d'amis et d'habitants de Porrentruy heureux de lui témoigner leurs sympaphies. Il était accompagné de son aide de camp, Manière de Saint-Louis, et d'un secrétaire particulier, Joseph Trencano (2).

De Porrentruy, Delmas gagna Mayence où il fit son testament le 27 avril. Quelques jours après, il rejoignait le quartier général de l'Empereur, à Dresde, peu après la bataille de Lutzen. Conduit à Napoléon par Augereau, Delmas fut accueilli cordialement par l'Empereur qui lui dit d'oublier le passé et de servir la France comme il avait toujours fait. Puis il le présenta à son état-major dans les termes que nous avons rapportés au commencement de ce travail.

---

(1) Archives de la guerre.
(2) Renseignements recueillis à Porrentruy.

Delmas, ainsi que nous l'avons dit, s'était rendu au camp dans l'uniforme bleu barbeau des généraux de la Révolution ce qui avait excité le rire des jeunes officiers de l'entourage de Napoléon, avec la cadenette et le sabre. Quand Macdonald le vit dans cet accoutrement, il fut surpris et s'écria : « Ah ça, Delmas, ôte-moi donc ce sabre, cela n'est plus de saison. — Pourquoi donc ? J'ai l'habitude de m'en servir. — Bah ! reprit le prince de Tarente, maintenant l'épée nous suffit, c'est pour la forme. »

Delmas dut se conformer à la mode des armées impériales ; il garda cependant son vieil habit jusqu'après la bataille de Bautzen (1).

Le général Delmas fut placé à la tête de la 9e division du 3e corps d'armée que le maréchal Ney, prince de la Moskova, commandait en chef. Elle comprenait 10,000 hommes environ de toutes armes.

Après avoir poussé des reconnaissances de cavalerie et occupé divers points stratégiques autour d'Iéna, la division Delmas prit part à la bataille de Bautzen.

Le 21 mai, Delmas combina ses mouvements avec la 8e division pour soutenir une attaque du 5e corps, puis le maréchal Ney, ayant reçu l'ordre d'enlever le village de Preititz, entreprit cette opération et la mena à bien. L'ennemi descendit alors avec de nouvelles forces des hauteurs de Klein-Bautzen et fit avancer ses réserves dans la plaine. Ney porta Delmas à droite du village et lui prescrivit de marcher sur Preititz, de s'emparer cette position et de déboucher sur Klein-Bautzen.

« Dans le temps que Delmas donnait à ses généraux de brigades les instructions nécessaires pour cette attaque, un colonel vint lui observer que son régiment ne pouvait plus marcher en avant faute de cartouches. « Tubleu ! lui dit le général, les soldats français sont donc bien changés depuis que j'ai cessé de vivre avec eux ; il y a quinze ans qu'ils bénissaient Dieu quand il leur restait des baïonnettes, puis se retournant du côté de cet officier, il ajouta : « Elles ne vous

---

(1) Ad. Kohler, *op. cit.*

manquent point encore, eh bien! colonel, faites comme aux beaux temps de la République, servez-vous-en ».

» Les 10e et 11e divisions s'appuyèrent à droite et marchèrent directement sur les hauteurs.

» Un combat très vif s'engagea entre le général Delmas et l'ennemi. Sa division emporta le village à la baïonnette, mais chargée à son tour par des forces supérieures, elle fut ramenée jusqu'aux dernières maisons où elle soutint avec une rare intrépidité ce combat inégal pendant quelques instants. L'arrivée de la 10e division rétablit bientôt l'affaire : Preititz nous resta » (1).

Au plus fort de l'action, un biscaïen emporte le chapeau de Delmas; il se retourne et dit à son aide de camp : « Regarde si ma tête n'est pas dedans! »

En récompense de ses longs et brillants états de services sous la République, comme aussi pour reconnaître sa belle conduite à Bautzen, l'Empereur nomma Delmas chevalier de la Légion d'honneur, le 3 juin.

Le 10 août, à Leignitz, on célébra la fête de l'Empereur. A cette occasion, Delmas fit une visite à Ney, et assista, avec tous les officiers du 3e corps, à une messe et à un *Te Deum*. Sa division se fit même remarquer, ce jour là, pour l'empressement, le zèle et le goût qu'elle mit dans l'ornementation du camp (2).

Depuis la cérémonie de Notre-Dame, en l'honneur du Concordat, c'était la première fois que Delmas assistait à un service religieux officiel, et, mesurant le temps écoulé, de 1802 à 1813, il dut faire d'amères reflexions sur le caractère des deux cérémonies qui reliaient le passé au présent. La première l'avait détaché de Bonaparte et marqué le point de départ de ses infortunes, la seconde scellait sa reconciliation avec l'Empereur et célébrait, en quelque sorte, sa rentrée en grâce.

---

(1) Koch, *Journal des Opérations du IIIe et Ve Corps en 1813* (publié par les soins du Ministère de la guerre, et annoté par M. le lieutenant Fabry).

(2) Idem.

Le 19 août, Delmas et sa division se rendent à Ober-Mitteleau, puis prennent part à une action, entre Wartha et Thomas-Walde. Le lendemain, ils sont campés derrière Buntzlau et occupent plusieurs villages. Le 21, se livrait le combat même de Buntzlau. Delmas qui, avec ses troupes, formait les têtes de colonnes, fut chargé de soutenir l'attaque du général Souham, son compatriote, autrefois disgrâcié comme lui. Il déboucha à la gauche de la ville, essuya une forte canonnade, puis se porta rapidement en avant. L'ennemi fut poursuivi dans la direction d'Alt-Giersdorf.

Le 22, Delmas s'établit à Kreybau; le lendemain il est à Michelsdorff. Nous le retrouvons ensuite passant, toujours à la tête de la 9e division à Katzbach, s'établissant en arrière de Neudorf, sur la route de Jauer.

Le 26 août, les troupes de Ney prennent contact avec les alliés, à Katzbach. L'action s'engage bientôt sur toutes les lignes. Delmas en gravissant, avec son impétuosité habituelle, la hauteur sur laquelle est établi l'ennemi, est reçu par un feu d'artillerie auquel il ne peut répondre. « Sa mousqueterie ne pouvant lui être d'aucun secours par le temps qu'il faisait, dit Koch, dans la relation des opérations du corp de Ney (il pleuvait à torrents), il ne restait à Delmas qu'à charger à la baïonnette ; mais Delmas si plein de vigueur, crut que ce serait une imprudence : la ligne ennemie étant trop forte pour espérer l'enfoncer sans crainte de retour; il se contenta donc de manœuvrer pour s'écarter de la direction de son feu, en attendant que les deux autres divisions vinsent à son appui. Il parvint avec des efforts incroyables à mettre six de ses pièces en batterie pour riposter à celles de l'ennemi, mais il ne les eut pas aussitôt fait jouer qu'elles furent démontées. Cependant la nuit approchait; certain du peu de succès de l'attaque de la droite, désespérant d'être appuyé sur la gauche, il ordonna la retraite qui se fit en bon ordre quoique sous le feu de l'ennemi. La 9e division repassa la Katzbach et fut prendre position sur les hauteurs de Kroitsch, où sa brigade de droite couvrit le parc du 3e corps. »

Le 31 août, la division Delmas se place entre Naumbourg et Siegersdorf; le 5 septembre, elle est détachée au corps de

Murat. Quelques jours, après le 28 septembre, nous la retrouvons aux débouchés de Dresde, à Radeberg, détruisant les les ponts. Le 5 octobre, elle passe l'Elbe et s'établit à Schlettau.

Le 11 octobre, Delmas rencontre les alliés à Dessau, leur livre combat, les culbute, et les accule à un pont en les obligeant de mettre bas les armes.

Le surlendemain, Delmas évacuait Dessau sous les yeux de l'ennemi qui n'osa pas l'attaquer, prit position sur la hauteur de Skaena, et bivouaqua à Duben, le 15 octobre, où il attendit les ordres que l'Empereur devait lui donner pour l'exécution de ses desseins à Leipzig.

Le lendemain, en effet, les Alliés et Napoléon se mesuraient dans une grande bataille où Delmas devait recevoir une blessure mortelle et succomber, pour ainsi dire, aux coups de son ancien camarade et complice, Bernadotte, devenu prince royal de Suède et ennemi implacable de l'Empereur qu'il combattait, les armes à la main, dans les rangs de l'étranger.

A ce chagrin s'ajoutait, pour Delmas, celui qu'il avait éprouvé, quelques semaines auparavant, en apprenant la présence de Moreau parmi les Alliés et sa mort, à Dresde, la tête enlevée par un coup de canon français, le punissant ainsi de sa trahison. L'ambition démesurée, la haine jalouse avaient conduit ainsi Moreau et Bernadotte aux pires extrémités et les avaient poussés aux révoltes les plus dégradantes pour leur honneur et leur dignité. Seul de ces trois compagnons d'armes, Delmas restait sans tâche et allait mourir, bravement, sous les plis du drapeau pour lequel il avait toujours combattu.

Le 16 octobre, à quatre heures du matin, Delmas et sa division se mirent en marche, de Duben, pour aller rejoindre le gros du corps d'armée de Ney. Ils furent retardés, dans leur marche, par la rencontre du parc et des réserves du 3e corps que l'état et l'encombrement des routes avaient retardés et qui couraient les risques d'être enlevés par l'ennemi. Delmas crut devoir les protéger avec ses troupes. Sa division, pour les couvrir, marcha en colonnes serrées jusqu'à la hauteur du village de Plœsen. La plaine était occupée par la nombreuse cavalerie ennemie qui était aux prises avec le 6e corps, lequel, à ce moment, se repliait à droite de la route de Duben. La contenance de la division Delmas s'imposa aux Alliés victorieux d'une telle manière que la journée de ce côté du champ de bataille de Leipzig, se passa dans une canonnade où l'on perdit peu de monde de part et d'autre. La nuit, Delmas bivouaqua à Euteritz (1).

Le lendemain, à six heures du matin, les vedettes ennemies se montrèrent sur la route de Duben devant Plœsen, et en arrière d'Euteritz, bientôt suivies de nombreux escadrons. Sur les huit heures, toute la division Delmas, du côté de Schœnfeld, se trouvait entourée par la cavalerie des Alliés. Delmas la fit charger par deux escadrons de Lanciers polonais et un des Hussards du 10e régiment qu'il avait sous ses ordres. Mais ils furent ramenés avec vigueur et contenus par un fort parti de cosaques qui évoluaient dans la plaine. « S'apercevant de ce désavantage, le brave général Delmas qui avait reçu l'ordre de se rapprocher des autres divisions du corps d'armée, afin de lier ses opérations aux leurs, envoya l'adjudant commandant Vermassin avec le 3e bataillon du 145e sur les derrières de la division pour tenir l'ennemi en échec, tandis qu'il faisait attaquer avec vigueur la cavalerie en front par le 2e Léger provisoire, soutenu, du reste, de ses troupes. Cette disposition eut un plein succès. La cavalerie fut forcée à la retraite, laissant beaucoup de morts et de blessés sur le champ de bataille. Dégagée par cette manœuvre, la division (Delmas) continua sa marche sur Schœnfeld malgré le feu le plus vif et parvint à gagner le village où elle entra sans avoir perdu une seule pièce de canon ; elle eut à regretter deux chefs de bataillon, plusieurs autres officiers et environ 600 hommes tués ou blessés. L'ennemi eût à souffrir, par son opiniâtreté, une perte double. On lui fit, de plus, une centaine de prisonniers » (2).

Le 18 octobre, l'action continua de plus belle. Delmas se porta en réserve, en arrière de Schœnfeld. Mais le corps de

(1) Koch, *op. cit.*
(2) Koch, *op. cit.*

Saxons qui, depuis le commencement de la campagne, servait Napoléon, fit tout à coup défection, sur le champ de bataille même, à l'instigation de Bernadotte, et tourna ses armes contre le 7e corps qui venait d'être mis ainsi en infériorité. La division Durutte, entre autres, se trouvait fort menacée.

L'ennemi s'emparait de Schœnfeld, à proximité des positions qu'occupait Delmas, et dirigeait aussitôt ses efforts sur Reidnitz et Kohlgœrten où la 9e division (Delmas), eut à soutenir un feu très vif auquel, d'ailleurs, elle riposta de son mieux. Le village de Kohlgœrten, attaqué énergiquement sur l'ordre de Delmas, par le général Estève, fut enlevé, et l'ennemi culbuté.

Maître de cette position, Delmas eut alors à soutenir contre les Russes de Langeron et les Prussiens de Bulow, de nouvelles et ardentes attaques. Obligé de faire garder toutes les issues du village que les Alliés cherchaient à reprendre, et dissémiminant ainsi ses troupes, il se vit bientôt débordé et entouré de masses de cavalerie qui chargeaient avec impétuosité. En vain, il essaya par des ripostes réitérées de la brigade Beurman de détourner l'attention de l'ennemi.

Alors, Delmas se voyant dans l'impossibilité, devant le cercle de feu et de fer qui l'étreignait de plus en plus, de conserver la position où il tenait si fermement, ordonna la retraite.

Très maître de lui, l'œil vif, le geste impérieux, Delmas tenait tête, sous un feu terrible, à l'ennemi et réglait les mouvements de ses troupes avec autant de précision que de promptitude.

Dans ce moment, l'Empereur passa et remarqua l'énergique résistance qu'opposait Delmas à l'ennemi. Se rendant compte du danger qu'il courait, il envoya l'ordre à Friant de venir soutenir notre compatriote, et une charge de cuirassiers et de grenadiers de la garde fut ordonnée.

Les pièces prises à l'ennemi par la division Delmas, et qu'on voulait ramener en arrière pour les dérober aux coups des Prussiens, des Russes et des Saxons qui cherchaient à les reprendre, formaient un grave obstacle à l'exécution de la retraite, à cause du manque de chevaux. Delmas à découvert, accompagné de son aide de camp et de Joseph Trincano, parcourait les rangs, donnait des ordres, stimulait l'ardeur de ses troupes quand, soudain, un boulet l'atteignit, lui brisant deux côtes, à la hanche droite.

« Une porte de jardin était près de là, dit M. Ad. Kohler — qui, d'après les souvenirs de Joseph Trincano, a reconstitué la scène ; — on la prend, on couche le général sur cette litière improvisée et on le porte à Leipzig.

» A l'entrée de la ville, un gendarme de Porrentruy, Handsgott, croit reconnaître le blessé. « N'est-ce pas Delmas? » dit-il à M. Trincano qui accompagnait le général. — Oui, c'est lui. — C'est lui, que j'en suis peiné !

» Le général fut déposé d'abord dans la première maison venue, puis, par ordre du gouverneur, transporté chez un excellent médecin qui prit tous les soins possibles de son hôte.

» Le 19, l'armée française traversait Leipzig au pas de course pour opérer sa retraite. M. Trincano placé à la fenêtre de son appartement suivait d'un œil triste le défilé de ces braves ; parmi eux, il reconnait des amis, des compatriotes qu'il ne lui avait pas été donné de voir pendant la campagne ; ce sont le lieutenant-colonel Theubet, MM. Gœtschy, de Porrentruy ; il les appelle, mais sa voix se perd dans le tumulte.

» L'après-midi, un autre spectacle se présente : L'Etat-major de l'armée Alliée traverse la ville, c'est l'empereur de Russie qui va rendre visite à l'empereur d'Autriche.

» Tout à coup le domestique de Delmas, Jager, de Porrentruy, se précipite hors de l'appartement, court dans la rue, fend la presse et se jette à la bride du cheval d'un général russe, en lui criant :« Delmas est ici blessé. » C'était le comte de Schouwaloff qui avait logé chez le général lors de l'armistice et que le fidèle Jager avait reconnu.

» Le comte remercie le domestique de sa missive et lui dit de l'attendre un instant. Puis, la visite faite, il vient chez Delmas avec son guide. L'entrevue des deux soldats fut touchante. Schouwaloff quitta le blessé en l'assurant que rien ne lui manquerait en pays ennemi, lui offrit ses services, lui annonça qu'il le recommanderait au nouveau gouverneur, le prince Repuin, que l'intervention puissante du baron de Stein avait fait appeler à ce poste important, et qu'il lui enverrait le roi de Suède. »

On raconte, d'autre part, qu'après la bataille, Bernadotte, devenu prince royal de Suède, parcourait les ambulances à la recherche des Français blessés ou prisonniers, affectant pour eux la plus grande sollicitude. Bernadotte, en ce moment, ne songeait rien moins qu'à renverser Napoléon et à restaurer, en France, la Monarchie à son profit personnel. Il espérait qu'une manifestation des officiers, désabusés de l'Empereur, ferait impression sur les Alliés et aiderait à la réalisation de son ambition.

C'est dans cet esprit qu'il serait allé voir Delmas, son vieux frère d'armes de 1796 et son complice dans les complots de 1802 (1), accompagné de Langeron.

« Une leçon cruelle attendait le prince royal de Suède à l'hôpital de Liepzig, dit Sarrans dans la *Vie du Prince royal de Suède*.

» Dans ce triste asile gisait mourant sur un lit de soldat, une de ces natures énergiques qui conservent la dignité de l'homme jusque sous l'étreinte des plus affreuses douleurs.

» Officier de l'ancien régime, volontaire de la République, il avait vaillamment combattu sous Custine, Beauharnais, Moreau ; c'était le général Delmas, ancien camarade de Langeron dans le régiment de Touraine, ancien ami de Bernadotte. Ces deux transfuges voulurent visiter le héros mourant et, debout à son chevet, ils osèrent lui rappeler d'anciennes affections, la tyrannie dont il fut la victime et l'engagèrent après son rétablissement, à contribuer avec eux à renverser le trône de Bonaparte.

» A ces mots, Delmas se soulève, et fixant Langeron : « Quant à toi, dit-il proscrit par la Révolution, Russe depuis vingt ans, tu dois peu à la France et rien à Napoléon, sers ton

(1) Voir à ce sujet : *Bernadotte, Napoléon et les Bourbons*, par Léonce Pingaud, Paris 1901.

maître et sois heureux, si tu le peux. Mais toi, Bernadotte, sorti des entrailles de la Révolution, comblé des bienfaits de la France et de l'Empereur, de quel droit oses-tu me proposer une infamie ! Va, traître, n'insulte pas à mon agonie, laisse-moi mourir en honnête homme. »

Rebuté par Delmas, Bernadotte tourna sa faconde du côté des autres officiers et trouva parmi eux des acceptants à ses propositions, tout aussi bien que des protestaires (1).

Sarrans ajoute qu'après le scène qu'il fit à Langeron et à Bernadotte, Delmas retomba sur son chevet et mourut. Les efforts de son indignation, avaient brisé les sutures de son abdomen déchiré par un boulet.

C'est le 31 octobre que Delmas expira entre les bras de son secrétaire, Joseph Trincano. Il n'avait que 45 ans.

La scène que rapporte Sarrans et les paroles qu'il prête à Delmas, qui sont celles de Bayard mourant au connétable de Bourbon, ont été contestées par nombre d'historiens, et Langeron n'en souffle mot dans ses *Mémoires*. Que Bernadotte ait fait visite à Delmas blessé, à Leipzig, c'est un fait admis, mais que celui-ci lui ait donné, ainsi qu'à Langeron, la leçon que Sarrans nous rapporte, cela est plus douteux.

Un témoignage important, qui nous semble même définitif, a été apporté récemment dans ce débat part M. Ad. Kohler, avocat à Porrentruy, et arrière-petit-neveu de Joseph Trincano secrétaire de Delmas, présent à la fameuse entrevue. Il infirme le langage rapporté par Sarrans et donne à l'entretien de Bernadotte et de Delmas le caractère véritable qu'il dut avoir. Quant à Langeron, il n'en est pas question.

M. Ad. Kohler s'exprime ainsi :

« Le même soir, Bernadotte vint trouver Delmas. La scène la plus touchante se passa entre ces vieux généraux républicains. Bernadotte se jetta dans les bras de son ami et l'em-

(1) Pour tous les incidents que nous venons de raconter et ceux qui suivent, on consultera, en dehors du livre de Sarrans, Sterwart (lord Londonderry), *Histoire de la Campagne de 1813*, t. II ; Saint-Chamans, *Mémoires* ; L. Pingaud : *Bernadotte, Napoléon et les Bourbons*. — *Intermédiaire des Chercheurs*, année 1900. — L. Vacher, *op. cit.*

brassa étroitement, puis ils échangèrent entre eux une conversation intime où le souvenir du passé se mêlaient à l'examen de la situation actuelle des armées.

» Il n'y eut rien là de nature à rappeler l'entrevue de Bayard et du connétable Bourbon. Delmas n'y songea même pas.

» Deux personnes seules étaient présentes à cette scène : l'aide de camp du prince de Suède et M. Trincano.

» C'est de la bouche de ce dernier que feu Xavier Kohler tenait la majeure partie des faits qui précèdent et les détails qui vont suivre.

» Bernadotte, à la vue de cet inconnu, se gêna d'abord, il demanda qui il éta t, puis sur la réponse de son ami que Zeppi Trincano était son homme de confiance et qu'on pouvait parler librement devant lui, il donna essor à tous ses sentiments.

» La conversation roula d'abord sur leurs anciennes campagnes, puis on en vint à la bataille de Leipzig. Delmas demanda à Bernadotte quelle position il occupait et ajouta ensuite :

» — C'est donc un de tes boulets qui m'a blessé ?

» — J'en suis bien fâché, mais pourquoi te trouvais-tu là ?

» — Comment te trouves-tu avec tous ces potentats ?

» — Parfaitement, tu l'as vu à Leipzig.

» On discuta longuement sur l'Empereur et son caractère, Le Prince de Suède témoigna toute la haine qu'il lui portait ; la jalousie entrait pour beaucoup dans ses motifs ; des discussions violentes avaient eu lieu jadis entre l'Empereur et lui.

— Est-ce que, ajouta-t-il, ce bougre-là n'a pas dit que je n'étais que le troisième de ses généraux. Je le lui ai bien fait voir, à Leipzig ! si les alliés m'avaient écouté ils n'auraient pas quitté cette ville.

— Pousse ta botte, reprit Delmas, tu pourras bien le remplacer un jour, son affaire est faite, il est flambé. Bernadotte proposa ensuite à Delmas de servir sous les Alliés, après sa guérison. — « Souviens-toi que tu es mon ami et je ne t'oublierai pas ».

— Jamais, dit vivement Delmas. Si j'ai eu des difficultés avec Napoléon, je n'ai point eu à me plaindre de la France.

C'est ma patrie. Je la servirai toujours. Je ne trahirai jamais l'Empereur. Ce n'est pas moi qu'on trouvera portant les armes contre mon pays. »

» Nous devons ajouter que Delmas en apprenant la mort tragique de Moreau, s'écria quoique jadis il fut son idole : « C'est bien fait, qu'allait-il faire là ? Pour un Français ce n'était pas sa place. » Delmas fit ensuite observer à Bernadotte que la France était sa patrie et lui demanda s'il marcherait contre elle ? Le prince de Suède répondit qu'il le savait bien et que jamais avec ses troupes il n'entrerait en France. En effet, après Leipzig, Bernadotte se dirigea vers la Hollande.

» La conversation se prolongea ainsi fort longtemps. Bernadotte resta quatre heures près de son ami et le quitta tard dans la soirée. Il lui dit adieu avec émotion. M. Trincano accompagna le prince de Suède ; il avait les larmes aux yeux ; il invita le secrétaire du général à disposer de lui, le pria d'accepter sa bourse, de veiller à ce que rien ne manque au blessé. M. Trincano refusa ces offres. Malgré leur ancienne amitié, Delmas avait ordonné de ne rien recevoir du Prince de Suède. Rentré dans la chambre, Delmas dit à son secrétaire : « Eh bien, tu as vu Bernadotte, un des meilleurs de nos anciens généraux ; c'est toujours le même gascon. »

» Bernadotte, en quittant Delmas, s'était rendu chez le prince Repuin pour lui recommander son ancien compagnon d'armes. Le surlendemain, le prince vint le voir, lui offrit ses services et ordonna à M. Trincano de venir lui rendre compte tous les soirs de la santé du général. »

Et M. Ad. Kohler ajoute encore :

« Cependant, il fallait aussi veiller au salut des hommes attachés à Delmas.

» Dès le 19, M. Trincano avait fait partir tous les gens de la suite du général, restant seul auprès du blessé avec le domestique, Barré, de Fontenais. Cette conduite émut Delmas qui dit à son secrétaire : « Merci mon cher, je croyais que tu allais me laisser seul. »

» La blessure de Delmas avait de prime abord causé de vives inquiétudes. Néanmoins les premiers jours passés, le général se trouva mieux et le docteur eut l'espoir de le sauver. Delmas n'aimait pas à prendre les remèdes; il laissait faire les bandages de sa plaie sans mot dire, mais là se bornait en quelque sorte son traitement. La mort de Poniatowsky peina le général, il l'estimait fort; il ignora la mort de Vial et de Rochambeau tombés aussi devant Leipzig.

» Parmi les prisonniers de guerre se trouvaient Regnier et Lauriston.

» Regnier vint rendre visite à Delmas et lui parla de la trahison des Saxons. On causa aussi du chef de l'état-major de Regnier, M. Gressot. Le général en faisait beaucoup de cas. Au moment où les Saxons passaient à l'ennemi, Gressot leur demanda ce que cela signifiait : « Nous savons ce que nous faisons, lui répondirent-ils. Sauvez-vous, seulement! »

» Dans les commencements de sa maladie, Delmas croyait sa blessure mortelle. Au bout de quelques jours, il fut rassuré et sembla ne plus douter de sa guérison. Sur son lit de douleur il aimait à parler de Porrentruy, de son fils Lolo, de la personne qu'il affectionnait le plus et qui venait de lui donner un fils.

» Cependant l'obstination du blessé à ne pas prendre de remèdes internes eut une suite fatale. La gangrène se déclara tout à coup. Le général perdit connaissance; au moment de mourir, dans un mouvement convulsif, il déchira ses couvertures en voulant enlever l'appareil de sa blessure ; puis il expira. » (1).

---

(1) *Notice sur le Général Delmas.*

CHAPITRE XII

La Postérité du Général Delmas. — Ses Fils. — La Carrière militaire de son Frère et de ses Neveux. — Une Famille de Soldats. — Hommages au Général Delmas.

La mort du général Delmas causa une grande tristesse dans les rangs de l'armée française. Dans ses *Mémoires*, le baron D. J. Larrey, dit à propos des pertes de Leipzig : « Cette même journée nous enleva les généraux Vial, Delmas et Freiderich, tués au fort de l'action. La mort de ces trois guerriers a été pour l'armée une grande perte ; elle a été aussi pour moi un sujet particulier des plus vifs regrets : ils étaient tous trois mes anciens compagnons et amis. »

Le gouverneur Repuin fit faire au général Delmas de magnifiques funérailles. Toute la garnison lui rendit les honneurs militaires et les prisonniers français, ayant à leur tête le général Régnier, l'accompagnèrent à sa dernière demeure, le cimetière de Leipzig, où il repose encore.

Nous avons vu que Delmas testa à Mayence le 27 avril 1813. Il faisait donnation de ses biens à un de ses fils, Ignace-Antoine-Guillaume dit Lolo, et à la mère de son dernier enfant, Mlle Marguerite Manhof. Quant à ses armes et à ses propriétés de la Corrèze il les donnait à son frère. L. Vacher assure qu'il laissait pour toute fortune une somme de 7,000 fr., montant de son arriéré de solde qui fut versé à un sieur Kaufmann, tuteur légal du fils de Delmas et de Marguerite Manhof.

Delmas, en effet, en dehors des cinq enfants que lui avait donnés Madeleine-Salomée Weter, à Porrentruy, de 1794 à 1806, avait eu, à Lunéville, d'une autre femme, un sixième enfant qu'il avait reconnu pour son fils (1). Peut-être même de ce fait pourrait-on inférer qu'une brouille, passagère ou définitive, vers le milieu de 1811, était survenue entre la demoiselle Weter et Delmas, et qu'à la faveur de cette brouille, il avait noué des relations avec Marguerite Manhof.

En tout cas, Delmas, par son testament de Mayence, ne se préoccupe nullement du sort de Mlle Wetter qui avait passé jusqu'ici pour son épouse, ni même des enfants qu'il avait eus d'elle, à part l'aîné, dit *Lolo*.

Celui-ci, Ignace-Antoine-Guillaume, né en 1794, embrassa la carrière des armes. Aide de camp du maréchal de Grouchy, en 1815, il l'accompagna dans toute la campagne du midi contre les royalistes que commandait le duc d'Angoulême. Atteint de surdité, il dut quitter l'armée et faire appel à la générosité de Napoléon.

A la date du 2 mai 1815, il lui écrivait, de Chambéry, la lettre suivante :

« Sire,

» Entraîné par le désir d'imiter mon père en me dévouant au

---

(1) Extrait des registres des actes des naissances de la ville de Lunéville :

« L'an mil huit cent douze, le treize du mois d'avril, par devant nous Maire et Officier de l'État Civil de la ville de Lunéville, département de la Meurthe, est comparu M. Antoine-Guillaume Delmas, Général de Division, âgé de quarante-quatre ans né à Argentat, département de la Corrèze, le vingt-et-un juin mil sept cent soixante-huit et domicilié de droit au dit Argentat, lequel nous a déclaré que le jourd'hui, treize avril, à sept heures du matin, il est né un enfant du sexe masculin, qu'il nous présente et auquel il déclare donner les prénoms d'Edouard-Aimé. Se reconnaissant pour être le père de cet enfant et de l'avoir eu de demoiselle Marguerite Manof, âgée de vingt-sept ans, née à Toutteville, département de Seine & Marne, le vingt-et-un mai mil sept cent quatre-vingt-cinq, y domiciliée, vivant de ses rentes, lequel enfant est né au domicile de Monsieur Nicolas, maire, homme de loi en cette ville, rue de la Douane, les dites déclaration et presentations faites en présence de mon dit Sieur Nicolas, maire, homme de loi en cette ville, âgé de cinquante-neuf ans, et de Joseph Cuny, chef de bureau de l'Etat-Civil de la même ville y domicilié, âgé de cinquante-huit ans, et ont, les présents témoins, signé avec nous le présent acte de naissance après que lecture en a été faite.

» Signé au registre, le général Delmas, le maire, Cuny et Selmi. »

service de la Patrie, je suivis le Maréchal Comte Grouchy en qualité d'officier d'ordonnance dans l'espoir de me consacrer entièrement à l'état que j'embrassais : mais la fatalité de mon sort en dispose autrement, renverse tous mes projets. Depuis plusieurs années, ayant perdu l'ouïe et d'après la tentative que je viens de faire pour m'assurer si cela ne serait pas un obstacle, je me vois forcé d'avouer que cette infirmité ne me permet pas de faire un service. Dans cette pénible position que me reste-t-il donc à espérer ? Rien autre que d'implorer avec confiance la générosité du Monarque, Père de tous ceux qui ont perdu le leur au service de la Patrie.

» Je suis sans état, sans fortune, ayant encore une mère ; j'attends de votre bonté que vous accédiez à ma demande qui est une pension pour moi et ma mère dont je suis le seul soutien.

» Permettez-moi, Sire, de vous réitérer l'assurance de mes sentiments qui seront toujours ceux d'un zélé et fidèle sujet.

» DELMAS,
» fils du Général de Division,
» mort à Leipzig (1). »

Cette missive fut transmise au prince d'Eckmülh, ministre de la guerre par les soins de Grouchy qui la recommandait en ces termes :

« Chambéry. 2 mai 1815.

» Monsieur le Maréchal,

» J'ai l'honneur d'adresser à Votre Exc. le Mémoire que le fils du Lieut.-Gal Delmas, tué à Leipzig, désire faire parvenir à l'Empereur. Ce jeune homme est rempli de zèle et m'a suivi dans l'expédition du Midi. Mais la surdité dont il est atteint le rend absolument impropre au métier des armes. Sa position est déplorable, son père l'a laissé sans ressource, ainsi que sa mère.

» Je m'estimerai heureux, Monsieur le Maréchal, si vous voulez bien provoquer les effets de la bienveillance de S. M. en

(1) Archives du ministère de la Guerre.

faveur du fils d'un de mes anciens camarades, qui est mort en combattant pour l'Emperenr et la Patrie.

» Agréez, M. le Maréchal, l'hommage de mes respectueux sentiments.

» Le Mal Comt le 7e Corps d'armée,
» Cte de GROUCHY (1). »

De ce moment, nous perdons la trace d'Ignace Delmas.

Bien différente fut la destinée de son autre enfant, Edouard-Aimé, née de Marguerite Manhof. La mort de son père l'avait laissé sans ressource, et le 3 juin 1815, nous voyons le baron Perquit, colonel du 14e régiment de chasseurs à cheval, s'intéresser au sort du fils de l'infortuné Delmas, et d'appeler, par la lettre suivante, sur son protégé la bienveillance de l'Empereur :

« Sire,

» J'ai l'honneur de recommander à la bienveillance de Votre Majesté, le fils de feu le Lieut.-Gal Delmas, mort sur le champ d'honneur à la bataille de Leipzig. Cet enfant, âgé de 3 ans et demi, est sans fortune et attend son existence du père des braves.

» Puis-je espérer, Sire, que Votre Majesté daignera accorder une pension à ce jeune infortuné qui n'a d'autre existence que celle qu'il attend de Votre Majesté.

» J'ai l'honneur d'être avec le plus profond respect, Sire, de Votre Majesté, le très humble, obéissant et fidèle sujet, (2). etc. »

Admis à l'école spéciale militaire, le 20 novembre 1829, Edouard Delmas en sortit sous-lieutenant au 15e d'infanterie de ligne, le 1er octobre 1831. En 1837, il entre à l'école d'application d'Etat-Major, sert d'officier d'ordonnance au général Cavaignac et part à l'étranger en qualité d'attaché militaire à plusieurs de nos ambassades. Employé comme opérateur au service de la carte de France, en 1841, il est promu capitaine en 1842.

---

(1) Archives du ministère de la Guerre.
(2) Idem.

En 1848, il posa sa candidature républicaine à l'Assemblée nationale, dans le département de la Corrèze. Il n'obtint qu'un petit nombre de voix.

Après le deux décembre, le général, sous les ordres duquel servait Edouard Delmas et qui était tout dévoué à Napoléon III, fit offrir des chances d'avancement au fils du vaincu de Leipzig s'il faisait acte d'adhésion au nouveau régime impérial. Edouard Delmas qui avait hérité du tempérament et des idées républicaines de son père, refusa tout net. Cette attitude nuisit à sa carrière. Il fut promu toutefois chef d'escadron en 1857 et attaché à l'Etat-Major. Appelé au commandement du fort de Charenton, le 4 mars 1864, l'invasion allemande le trouva à ce poste qu'il défendit vaillamment en 1870-71.

Admis à faire valoir ses droits à la retraite, le 18 août 1872, Edouard Delmas se fixa à Charenton, fut élu conseiller municipal et appelé aux fonctions de maire.

Il mourut le 10 mai 1878. Ses obsèques eurent lieu aux frais de la ville, avec le concours d'une nombreuse population qui avait pour le défunt de vives et profondes sympathies. M. Talandier, député, et M. Marsoulan, conseiller général de la Seine, se firent, sur la tombe, les interprètes de la démocratie parisienne et charentonnaise.

Edouard Delmas qui avait été fait chevalier de la Légion d'honneur le 18 juillet 1848, fut promu officier du même ordre, le 17 juillet 1858.

De son mariage avec Constance Bonnefoy, contracté à Charenton, vers 1867, le commandant Delmas eut un fils, Guillaume-Jules, actuellement commis principal à la Cie P. L. M. né le 28 septembre 1868, marié à dame Blanche Petitjean. De cette union naquit une fille, Suzanne, en 1900.

Le frère du général Antoine Delmas de la Coste, né à Argentat le 23 janvier 1774, partit comme volontaire dans le 1er bataillon de la Corrèze en 1792.

« En février 1793, dit la *Biographie universelle*, le général qui commandait les Français jugea que la défense de Waldegeisheim, village du Palatinat, dépendait le salut de l'armée. Il fallait arrêter l'ennemi en s'y faisant tuer. Un jeune caporal du 1er bataillon de la Corrèze se présente avec 53 hommes de bonne volonté ; c'était Delmas. Il part, combat, arrête l'ennemi, mais lorsqu'on vint relever ces braves volontaires, 49 sur 53 avaient été tués. Le caporal rentra au camp avec les quatre survivants. Le bataillon de la Corrèze présenta spontanément les armes à ces cinq camarades et le général écrivit sur un carré de papier : « Le caporal Delmas de la Coste a bien fait son devoir. »

Il prit part ensuite à toutes les campagnes de la première République et de l'Empire, conquit tous ses grades sur les champs de bataille, servit d'aide de camp à son frère, puis fut promu major en 1804, et, plus tard, colonel de cuirassiers et de gendarmerie. Mis à la retraite en 1814, il se retira à Argentat, où il mourut en 1856, commandeur de la Légion d'honneur.

Il avait, comme le général, la haine de Napoléon, aussi lorsque les Bourbons rentrèrent en France, il se rallia à leur cause et fut fait chevalier de Saint-Louis.

Le colonel Delmas eut quatre fils dont trois qui servirent dans l'armée et parvinrent au grade de chef d'escadron :

1° Charles-Emmanuel qui épousa demoiselle Léocadie-Henriette-Alphonsine Le Caux de La Tombelle ; (1).

2° Jean-Louis, né en 1862, mort en 1893, qui épousa Mlle Lefèvre de Tumejus ; (2).

3° Jacques-Henri ; (3).

4° Adolphe, décédé sans postérité, notaire à La Guadeloupe.

Des deux filles du colonel Delmas, l'une, Caroline, épousa le général de Préval, pair de France, et l'autre, Clémence, vit encore à Argentat.

Lorsque M. Vacher, prononça, en 1884, l'éloge du général

(1) Deux enfants, Marie-Antoine-Henri-Edgard, né en 1848, à Argentat. Engagé volontaire aux Lanciers en 1868, devint sous-officier prit part à la campagne de 1870-71, et mourut à Mayence, le 2 mars 1871, où il était prisonnier de guerre. Une fille épousa Maurice Gratereau de Négraval, officier de cavalerie.

(2) Une fille de ce mariage.

(3) Deux filles, une qui se fit religieuse, l'autre qui épousa M. Teulières.

Delmas à l'*Association corrézienne de Paris*, il émit le vœu de « fixer d'une manière durable dans le marbre ou dans le bronze », les traits de cette « figure héroïque ».

Ce souhait ne se réalisa que bien des années après. Vers 1895, un arrière-petit neveu du général Delmas, M. Philippe Vachal, avocat à Tulle, descendant par son père d'une des cinq sœurs du général, forma un comité ayant pour but d'élever un monument à la mémoire du héros d'Engen et de Vérone (1). Une souscription publique s'ouvrit, et bientôt la figure martiale de Delmas (2) s'élevera sur une petite place d'Argentat, en face de la maison où il naquit. Ce monument qui est l'œuvre de M. Eugène Boverie, statuaire, et de M. Joachim Richard, architecte, porte les inscriptions suivantes :

Sur la face antérieure :

Au Général Delmas
ET
Aux Volontaires de la Corrèze (1792)

DELMAS
(1768-1813)

Guerre de l'Indépendance Américaine
Armée du Rhin (1793)
Armée de Hollande (1794-1795)
Armée du Rhin (1796)
Armée d'Italie (1797)
Armée d'Italie (1799)
Armée du Rhin (1800)
Armée d'Italie (1801)
Campagne de Saxe (1813)

ENGEN MŒSSKIRCH

---

(1) MM. Félix Vintéjoux, président, Descabroux, Eyrolles, Ph. Vachal, etc., composaient ce comité.

(2) Dans le catalogue de *Portraits Limousins et Marchois* de M. Fray-Fournier, *Bul. Arch.* Limoges, 1894, nous trouvons indiqués les portraits suivants du général Delmas :

1° Un buste à claire-voie, Forestier, sc. in-8, édité par Tardieu.

Sur la face opposée :

ANTOINE-GUILLAUME DELMAS
Né à Argentat le 21 juin 1768
Blessé mortellement à Leipzig le 18 octobre 1813
Il prit deux fois les Armes pour la Défense de son Pays.

PASSAGE DE L'ADIGE LEIPZIG

Ajoutons que son nom est inscrit sur un des piliers de l'Arc-de-Triomphe de l'Etoile.

D'autre part, Tulle et Argentat ont donné le nom d'une rue et d'une place à notre héroïque compatriote.

Delmas fut une de ces natures fortes que seules les révolutions révèlent et mettent en valeur.

Il ne fut pas qu'un homme de guerre habile, un soldat courageux, il fut aussi un patriote ardent, et, on peut bien le dire, désintéressé. L'idée de lucre n'entra jamais dans son esprit. Il aurait pu, comme tant d'autres, se soumettre aux contingences de la politique, accepter la domination impériale, flatter l'orgueil napoléonien. Il ne le voulut, parce que ce n'était pas dans sa nature loyale et fruste, et que ses convictions s'y opposaient. Sans cette rudesse qui faisait le fond de son caractère et cette vertu républicaine qui l'éloigna des intrignes de cour, il eût pu parvenir comme Bernadotte, Macdonald, Gouvion Saint-Cyr et tant d'autres, aux situations les plus élevées de l'armée. Il préféra l'exil et la disgrâce. S'il eut des faiblesses, Leipzig et sa mort héroïque les rachetèrent glorieusement.

En achevant cette étude, où nous avons essayé de fixer la physionomie de Delmas et de retracer sa brillante carrière

---

2° Un buste vu de face à claire-voie, Saint-Aulaire lith. imp., Lemercier et Cie, Paris, in-4.

Le portrait que nous donnons d'autre part, est inédit. Il a été reproduit d'après une miniature, faite en 1792, que possède son petit-fils. Dans cette reproduction, Delmas est imberbe. Ce n'est que plus tard, dans son exil, qu'il laissa pousser les moustaches.

M. Boverie a exécuté son buste d'après un des portraits catalogués par M. Fray-Fournier.

militaire aussi complètement que possible, nous sera-t-il permis d'émettre le vœu que sa dépouille mortelle, qui repose dans le cimetière de Leipzig, en terre étrangère, soit rendue à sa mère Patrie ?

La petite ville, qui s'honore de l'avoir vu naître, lui fera certainement réserver une place dans l'enclos où dorment ses morts, et les cendres du héros, revenues à leur source première, donneront aux vivants cette leçon qu'imposent la Terre et les Morts, et que le Poète exprima de si noble façon :

Ceux qui pieusement sont morts pour la Patrie,
Ont droit qu'à leur cercueil, la foule vienne et prie.

TABLE DES MATIÈRES

CHAPITRE Ier

CHAPITRE II

CHAPITRE III

CHAPITRE IV

CHAPITRE V

CHAPITRE VI

CHAPITRE VII

CHAPITRE VIII

CHAPITRE IX

CHAPITRE X

CHAPITRE XI

CHAPITRE XII

Tulle, Imp. CRAUFFON, 6-904.

www.ingramcontent.com/pod-product-compliance
Ingram Content Group UK Ltd.
Pitfield, Milton Keynes, MK11 3LW, UK
UKHW022030170726
13837UKWH00002B/507